예수에게서 복음서까지

분도소책 29

예수에게서 복음서까지
1985년 10월 초판 | 2011년 5월 6쇄
옮긴이 · 이미림 | 펴낸이 · 이형우
ⓒ 분도출판사
등록 · 1962년 5월 7일 라15호
718-806 경북 칠곡군 왜관읍 왜관리 134의 1
왜관 본사 · 전화 054-970-2400 · 팩스 054-971-0179
서울 지사 · 전화 02-2266-3605 · 팩스 02-2271-3605
www.bundobook.co.kr
ISBN 89-419-8525-0 02230
ISBN 89-419-0055-7 (세트)
값 4,000원

예수에게서 복음서까지

복음서의 형성 과정

H. 헨드릭스 지음
이미림 옮김
정양모 감수

분도출판사

차   례

제 1 부

제 2 부

부   록

제 1 부

1

복음서의 기원

　동남아시아인들은 어떤 친척을 처음 만나게 되면, 흔히 족보를 따져 보려고 상대방의 가족 배경을 묻고는 한다. 거기에 그치지 않고 직업이 무엇인지, 어디에 사는지, 누구와 결혼했는지 등을 캐묻는다. 그러고는 그가 해주는 이야기를 열심히 듣는다. 요컨대, 동남아시아인들은 낯선 사람을 사귈 때 먼저 그 사람의 사회적·역사적 배경을 알고 싶어한다.

　이것은 동남아시아인들만의 전형적인 태도가 아니라, 상대방을 보다 더 잘 이해하기 위해서 그에 대해 뭔가 알고 싶어하는 사람이면 누구나 그렇게 한다. 사실 어떤 사람을 이해하려면 당연히 그의 친족관계와 과거 배경을 알아야만 한다. 왜냐하면, 사람은 누구나 현재의 모습을 갖추게 되기까지 친족관계와 과거에서 상당한 영향을 받게 마련이기 때문이다.

　사람에 대해서 위에서 한 이야기를 복음서에도 적용할 수 있겠다. 복음서를 이해하려면, 복음서의 사회적·역사적 배경을 어느 정도 잘 알아야 한다. 우리가 어떤 사람을 이해하고자 할 때, 그의 인격형성에 영향을 준 많은 요소들을 알아 보지 않고서는 그를 제대로 이해할 수 없듯이, 복음서 역시 그 기원과 발전의 사회적·역사적 배경을 연구하지 않고서는 이해할 수가 없다.

전기(傳記) 인가 선포(宣布) 인가?

반세기가 넘도록 성서학자들은 복음서의 기원과 발전을 두고 맴도는 근본문제들을 신중하게 연구해 왔다. 복음서는 어떻게 씌어지게 되었나? 어디서 언제 기록되었나? 전통적인 학설은 다음과 같다. 즉, 마태오가 첫째 복음서를 썼고, 마르코가 베드로의 설교를 듣고 기억나는 대로 둘째 복음서를 집필했으며, 루가는 예수님을 목격하고 나중에 그분의 전도사가 된 사람들로부터 정보를 수집해서 복음서를 기록했으며, 요한은 예수님에 관하여 많은 명상을 하고 그 결과를 기록하였다. 이때문에 요한복음서를 〈영적인 복음서〉라고 했던 것이다.

그러나 오늘날 신약성서 학도들은 1세기 후반부에 네 복음서들이 씌어진 경위를 좀더 객관적으로 알고자 한다.

한동안, 공관복음서에 수록된 예수님의 말씀이나 행적을 바탕으로 해서 예수의 일생 내지 전기를 재구성할 수 있다고 생각한 적이 있었다. 복음서가 예수란 인물을 둘러싸고 일어난 사건들을 제법 상세하게 더듬어 기록했다고 믿었기에, 학자들은 예수님의 일생에 대한 연속적인 전기적 이야기를 쓰는 데 필요한 자료들을 제공하기 위해서, 이에 관한 모든 세목들을 복음서에서 뽑아내려고 애썼다. 그러나 복음서에는 중요한 부분들이 빠져 있음이 곧 명백해졌다.

예를 들면, 복음서는 예수님의 일생 중에서 열 두 살 때의 성전방문과 서른 살 때에 공생활을 시작하신 사이의 기간에 대해서는 아무 말이 없다. 그뿐 아니라 공관복음서를 살펴보면, 그들이 전하는 예수님의 말씀과 행적에 상당한 차이가 있다. 더욱 문제가 되는 것은 요한에 의한 복음서 또는 네째 복음서라고 불리는 그 복음서이다. 요한의 사건 배열순서는 공관복음서의 순서와 전혀 다르다.

이 문제를 어떻게 해결하였나? 두 가지 대안 중에서 하나를 선택했던 것이다 : ① 복음서를 전기로 보는 사람들은 예수님의 생애를 논리적으로 서술하는 데 도움이 되는 요소들만 택한다; ② 반면에 복음서를 선포로 보는 이들은 이러저러한 예수 사건보다 복음서에 내포된 예수신앙을 중요시한다.

복음서를 바탕으로 예수 전기를 쓰는 경우에는, 전기를 쓰는 데 필요한 체계를 미리 구상하고 거기에 알맞는 정보만 택하게 마련이다. 그러나 반대로 복음서를 선포로 보는 경우에는, 복음서에서 전기적인 정보를 수집하기보다는 예수님의 말씀과 행적에 들어 있는 깊은 뜻을 찾을 것이다.

지난 수십년 동안의 복음서 연구 결과, 오늘날 신학계에서는 아예 예수전을 쓸 생각을 하지 않고, 그 대신 복음서의 사상, 곧 **선포**를 주시한다. 이와 더불어 새로운 접근방법이 채택되어 왔다. 바야흐로 복음서는 단순한 전기적 정보 이상의 것들을 말해주기 시작했다. 성서학의 획기적 진전이 이루어진 것이다.

전승(傳承)의 세 단계

신약성서를 펼쳐보면, 우선 네 복음서가 나온다. 그렇다고 해서 신약성서의 여러 작품 가운데서 네 복음서가 맨 먼저 씌어졌다는 것은 아니다. 복음서에는 오래된 사료가 들어 있기는 하지만, 복음서들 자체는 비교적 뒤늦게, 그러니까 서기 65－100년에 씌어졌다.

사실 복음서보다 앞서, 바울로가 여러 서간을 집필했던 것이다. 복음서 자체를 바르게 이해하려면 이 점을 반드시 고려해야 한다. 그러니까, 제자들이 이미 35년에 걸쳐 그리스도교를 가르치고 복음전도 활동을 한 후에야 비로소 복음사가들이 예수님의 말씀과 행적을 기록했다는 말이다.

만일 예수께서 서기 30년에 죽으시고 부활하셨다면, 또 서기 65－70년에야 비로소 복음서가 기록되었다면, 35년이란 기간 동안에는 도대체 무슨 일들이 있었을까? 교황청 성서위원회에서 발표한 문서(《복음서의 역사적 진리에 관한 교서》 1964)는 중요한 지침을 말해 준다.

> "복음서의 신빙성을 정확히 규명하기 위하여, 성서를 해석할 때는 예수님의 가르침과 생활이 우리에게 전달되는 **전승의 세 가지 과정**을 잘 살펴야 한다"(1, 2항). …"그러므로 성서를 해석할 때, 복음서의 기원과 집필에 관한 사항들을 고려하지 않고 오늘날 성서 연구의 훌륭한 업적을 적절히 이용하지 않는다면, 복음서 저자들의 진의와 그들이 사실상 무엇을 말했는가를 밝

히는 의무를 수행하기가 어려울 것이다”(10항).

 성서위원회가 말하는 “전승의 세 단계”는 다음과 같
다 : ① 예수께서 팔레스티나에서 사셨던 단계; ②
부활 후 팔레스티나 안팎에서 초대 그리스도교 공동체
가 형성되던 단계; ③ 복음작가들이 복음서를 쓰기 시
작한 단계이다. 다음의 세 장(章)에서 이 세 단계를 더
자세히 설명하겠다.

2

팔레스티나에서의 예수의 생활
— 말씀과 행적 —

복음서의 기원을 설명할 적에 흔히 네 복음작가와 그들의 공헌부터 논한다. 복음작가들이 복음서를 기록하는 데 있어서 중대한 역할을 한 것은 사실이다. 그러나 그들의 활동은 전승의 발전과정의 맨 마지막 단계에만 속한다. 복음작가들이 복음서를 쓰기 시작하기 전에 사도들과 초대 그리스도교 설교자들이 예수님의 말씀과 행적에 관한 기쁜 소식을 이미 말로써 퍼뜨리고 있었다.

더 소급하면, 사도들과 그리스도교 설교자들이 활동하기 이전에 예수께서 개인적으로 친히 당신 자신의 말씀과 행적을 통해 그 기쁜 소식을 널리 펴 오셨다. 그러므로 복음 전승의 첫째 단계는 분명히 예수 사건이지만, 실상 우리가 복음서를 읽을 때 대하게 대는 것은 세 단계의 마지막 결과이다. 더 분명히 말하자면, 복음서는 복음작가들의 작품이기는 하지만, 실상 그 모든 것의 시작은 바로 예수님 자신이시다.

복음서에는 〈예수님의 말씀과 행적〉 두 가지가 다 수록되어 있음을 유의해야 한다. 복음서에는 예수님의 말씀만 실려 있는 것도 아니며, 또한 행적만 수록된 것도 아니다. 예수님의 말씀과 행적은 불가분의 관계

이기 때문에 함께 다루어야 한다. 그러나 방법상으로
말씀과 행적을 따로따로 논하는 것이 도움이 될 것이
다.

말   씀

복음이란 낱말을 들으면, 우리는 즉시 복음서라는
책을 생각하게 된다. **복음**은 그리이스 낱말 에우안
겔리온(*euangelion*)을 직역한 것으로서, 기쁜 소식이
라는 뜻이다. 곧, 구원의 **메시지**, 구원의 **선포**가 복음
이다.

복음은 본디 기쁜 소식이므로, **발설**한 말을 가리켰
다. 사실 예수님은 네 복음서 가운데 어느 한 줄도 쓰
신 적이 없으시다. 예수님은 청중을 향하여 복음을 **발
설**하셨던 것이다. 예수님의 가르침에 대해 기록된 기
존 자료들은 모두 다른 사람들이 쓴 것이지 예수께서
쓰신 것이 아니다.

그러므로, 우리가 복음이라 할 적에 ㉠ 우선, 예수
친히 설교하신 기쁜 소식을 가리킨다. 예를 들면, 마
르코 1, 14 - 15이다 : "예수께서는 갈릴래아로 가셔서
하느님의 **복음**을 선포하시며, '때가 차서 하느님의 나
라가 다가왔읍니다. 여러분은 회개하고 복음을 믿으시
오' 라고 하셨다. " ㉡ 다음으로, 복음은 사도들이 예수
의 정체와 그분의 구원 업적에 대해서 설교한 바를 뜻
한다. 사도행전 15, 7을 예로 들 수 있다 : "형제 여러
분, 여러분이 아시는 바와 같이 하느님께서는 내 입을
빌어 이방인들도 **복음**을 듣고 믿게 하시려고 일찌기
여러분 가운데서 나를 뽑아 주셨읍니다. "

그러나 우리가 직접적으로 예수 자신의 설교에 관심을 갖든지, 아니면 간접적으로 사도들의 설교에 관심을 갖든지간에, 하여튼 예수 그리스도라는 분이 〈기쁜 소식〉의 내용인 것만은 틀림없다.

본시 복음이란 선포를 뜻하는 것이지 책을 뜻한 것이 아니었음을 밝혀야겠다. 사실 신약성서를 보면, 복음이라는 낱말은 선포 활동을 뜻했던 것이다. 신약성서에 나오는 복음전도사는 복음을 선포하는 사람이었지 복음을 기록하는 작가가 아니었다. 첫 복음서가 기록되기 이전에 사도 바울로는 이미 당시의 복음전도사들에 관해서 이야기하고 있다. 이 사실은 복음전도사란 저술활동을 하는 사람들만을 뜻하는 것이 아니었음을 분명히 말해주는 표시가 된다.

아뭏든, 단어란 계속 변화되며 종종 매우 특별하고 전문적인 뜻을 지니게 된다는 사실을 직시해야 한다. 시대가 흐름에 따라 **복음**(*euangelion*)이란 말도 변하여, 예수님의 생애와 업적을 기록해 놓은 책을 가리키게 되었다. 원래 선포를 뜻하던 복음이라는 낱말이 대략 2세기에 이르러서야 복음서라는 책을 뜻하는 낱말로 바뀌게 된 것이다.

행   적

실상 복음서는 교리서가 아니고 하느님이 우리 역사에 개입한 바를 알리는 증언이다. 따라서 복음서는 하고많은 종교이념을 정당화하는 것이 아니고, 하느님께서 새 이스라엘인 교회를 위해서 하신 업적을 증언하는 것이다. 구약성서를 보아도, 하느님께서는 말씀하시기에 앞서 우선 행동하신다(신명 26, 7-8).

예수께서도 그처럼 처신하시어 우선 하느님의 나라를 이룩하셨던 것이다. 사실 예수께서 이룩하신 기적은 하느님의 나라, 곧 하느님의 통치가 실현되기 시작했다는 것을 드러내는 행동이다. 그러니까 기적은 흔히 생각하듯이 예수님의 신성을 증명하는 것이 아니다.

말씀과 행적은 계시의 두 가지 양식이다

하느님의 자기계시는 말씀과 행적, 말과 행동 두 가지를 통해서 이루어졌다. 복음서에는 이 두 가지 요소가 불가분하게 또 보완적으로 기록되어 있다. 만일 예수님의 말씀이 그분의 행동과 관련이 없다면, 그 말씀은 의미가 거의 없거나 아주 없거나 할 것이다. 한편 예수님의 행적을 그분의 말씀에 비추어서 이해하지 않는다면 이들은 무의미한 사건들이 되고 만다.

예수께서는 일정한 시간과 공간에서 말씀하시고 행동하셨다. 그러므로 예수님의 언행에는 반드시 그분이 말씀하시고 행하신 그 문화권의 색채가 드러나게 마련이다. 예를 들어, 예수께서 마귀와 관계하셨다는 말씀이나 이야기는 당시 예수께서 사신 동시대인들의 문화적 맥락 안에서 알아들어야 한다. 따라서, 이런 말씀과 이야기를 근거로 해서 마귀나 귀신들이 실제로 있다고 주장하는 것은 잘못이다.

《복음서의 역사적 진리에 대한 교서》에서도 같은 말을 한다 :

"주님께서는 말씀으로써 당신 가르침을 펴 나

가실 때에, 그 시대에 흔히 사용하던 설명과 추
리의 방법을 사용하셨다. 말하자면, 예수께서는
동시대인들의 의식구조를 감안해서 가르치셨던
것이다"(8항).

사람들은 예수님을 이해하지 못했다

그러나 이 말은 예수께서 당시 사람들이 받아들인
가치관과 표현방법을 사용해서 말씀하셨기 때문에 사
람들이 그분을 쉽게 이해했다는 뜻은 아니다. 여러 부
류의 사람들이 예수께서 말씀하신 것을 도무지 알아듣
지 못했다고 하는 실례들이 있다.

예를 들면, 마태오는 예수의 반대자들에 대해서 다
음과 같은 식으로 기록한다 :

"(내가) 그들에게 비유들로 말하는 이유는 그
들이 보아도 보지 못하고, 들어도 듣지 못하고,
깨닫지 못하기 때문입니다"(마태 13, 13).

그러나 마르코 역시 제자들도 그분이 말씀하신 것을
제대로 알아듣지 못했다고 증언하고 있다 :

예수께서 물 위를 걸으신 다음 : "그래서 그
들은 아주 (심하게) 정신이 나갔다. 그들은 빵
(의 기적)에 대하여 깨닫지 못했기 때문이다"
(마르 6, 52).

두번째 빵의 기적을 행하신 다음 : "예수께서
는 알아차리시고 그들에게 말씀하셨다. '여러분

에게 빵이 없다고 해서 왜 수군거립니까? 아직도 알아듣지도 못하고 깨닫지도 못합니까? 여러분의 마음은 (그렇게도) 둔합니까?'"(마르 8,17).

루가도 예수께서 수난에 대해 세번째 예고하신 후에 제자들의 반응을 묘사할 때 이 문제를 의식하고 있었다:

"제자들은 이것을 조금도 깨닫지 못하였다. 이 말씀(의 뜻)이 그들에게는 가려져 있었기 때문에 그들은 말씀하신 바를 알아듣지 못하였다"(루가 18,34).

더군다나 예수님이 고난을 당하시고 마침내 십자가에 처형되신 다음에는 그분을 이해할 도리가 없었다(루가 24,21; 요한 21,3 참조).

성령께서 이해시키시다

부활 후에야, 제자들은 예수께서 공생활 동안에 선포하고 행하신 말씀과 행적에 내포되어 있는 더 깊은 암시들을 이해하기 시작했다. **부활하신 그리스도**를 만나뵙고 **성령**의 선물을 받고서야, 비로소 그들은 주님께서 자기들에게 계시하려고 하신 바를 알아들었다. 성령께서 예수 이해를 도우신 사실은 예수 고별사에 분명히 드러난다(요한 14 — 16장).

"나는 여러분과 함께 있는 동안에 여러 가지 이야기를 들려 주었거니와 이제 아버지께서 내

이름으로 보내 주실 성령 곧 협조자는 모든 것을 여러분에게 가르쳐 주실 뿐만 아니라 내가 여러분에게 한 말을 모두 되새기게 하여 주실 것입니다"(요한 14, 25-26).

"아직도 나는 할말이 많지만 지금은 여러분이 그 말을 알아들을 수 없을 것입니다. 그러나 진리의 성령이 오시면 여러분을 이끌어 진리를 온전히 깨닫게 하여 주실 것입니다. 그분은 자기 생각대로 말씀하시지 않고 들은 대로 일러 주실 것이며 앞으로 다가올 일들도 알려 주실 것입니다"(요한 16, 12-13).

이 두 구절은 성령께서 장차 가르쳐 주실 일들을 말한다. 아버지와 부활하신 그리스도께서 보내 주실 성령을 통해서 제자들이 보다 깊이 이해하게 될 것을 알려 준다.

그러나 이 모든 말씀을 어떻게 알아들어야 할까? 제자들은 예수께서 말씀하시고 행하신 모든 것을 확실히 듣고 보았다. 그럼에도 불구하고 그들은 예수님의 말씀과 행적이 뜻하는 바를 충분히 포착하지 못했다. 그러나 부활하신 그리스도를 만나고 성령을 받게 되자, 제자들은 전혀 새로운 관점에서 예수님을 바라보는 체험을 하기 시작했다.

이 경험은 어떤 여인의 경우와 어느 정도 비교할 수 있겠다. 이 여인은 어떤 남자와의 일상관계가 그저 평범한 우정에 지나지 않는다고 생각했었다. 그녀는 그의 말이나 제스쳐에 대해서 별다른 의미를 부여하지 않았고 혼히 있는 일로 받아들였다. 그러던 어느날, 그가 자기를 사랑하고 있고 자기도 그를 사랑하고 있다는 사실을 깨닫게 된다. 아주 새로운 경험을 했던 것이다. 이제서야 눈이 열려 지난날을 아주 다른 각도에서 보게 되었다. 그들의 모든 말과 제스쳐는 이제는 이 새 경험에 비추어서 해석되고 재해석되는 것이다.

이와 비슷한 어떤 일이 제자들에게 일어났다. 제자들은 부활하신 그리스도를 뵙고 나서 지난날 그분이 하신 말씀과 행적을 새로이 평가하게 되었다. 바꾸어 말하면, 그들은 그리스도의 부활과 성신의 내림을 바탕으로 예수님의 말씀과 행적을 새롭게 보고 설교했던 것이다. 따라서 그들은 설교 때에, 예수께서 하셨던 말씀들을 그대로 반복하지는 않았다. 이제 그들은 그 말씀과 사건들을 새로이 이해한 바에 따라 설교했던 것이다. 다음의 구절들은 이 점을 분명히 말해준다 :

그리고 그들이 산에서 내려올 때 예수께서는 그들에게 명령하시어, "인자가 죽은이들 가운데서 일으켜질 때까지 이 현시를 아무에게도 이야기하지 마시오" 하셨다 (마태 17, 9). 예수께서 부활하신 다음에야 그들은 이 사건의 참뜻을 알아듣고 전할 수 있었다는 것이다.

예수께서 성전을 정화하신 이야기를 하고 나서, 요한복음 작가는 이렇게 말한다 : "제자들은 예수께서 죽었다가 부활하신 뒤에야 이 말씀을 생각하고 비로소 성서의 말씀과 예수의 말씀을 믿게 되었다" (요한 2, 22).

그리고 예수님의 예루살렘 입성을 이야기하고 나서 요한복음 작가는 이런 단서를 붙였다 : "그분의 제자들이 처음에는 이것을 깨닫지 못하였다. 예수께서 영광을 받으신 다음에야 비로소 제자들은 그분에 관하여 이렇게 기록되어 있었다는 것과 또한 사람들이 그분께서 이런 일들을 했었다는 것을 기억하였다"(요한 12, 16).

결론적으로 말하자면, 제자들이 예수께서 부활하신 후에 그분의 말씀과 행적에 대해서 설교했을 때, 그들은 자기들이 예수 생존시에 잘못 이해했던 대로 가르친 것이 아니라, 이제는 예수님의 부활에 비추어서, 또 성령의 영감에 따라서 설교했다고 말할 수 있겠다.

3

사도들과
초대 그리스도교 공동체

"우리 주 그리스도께서는 제자들을 선택하셨는데, 그들은 활동 초기부터 그분을 따르면서 그분의 행적을 보고 그분의 말씀을 들었다. 그러므로 제자들은 예수의 생애와 사상에 대해서 증언할 자격이 있는 것이다"(《복음서의 역사적 진리에 대한 교서》7항).

성서위원회가 발표한 이 구절은 일찌기 마르코가 예수께서 제자들을 선택하신 이중 목적에 대해서 쓴 것을 반복할 뿐이다 : "그리하여 열 둘을 정하시고 또한 그들을 사도라 이름지으셨으니 그들이 당신과 함께 있기 위함이었다. 또한 그들을 파견하기 위함이었으니 곧 복음을 선포하게 하려는 것이었다"(마르 3, 14).

예수께서는 선택된 제자들이 당신과 함께 지내기를 원하셨다. 그리하여 그들을 가르치시고 또한 그들에게 성령을 주고자 하셨다. 그러나 그들이 개인구원에만 집착하는 폐쇄적 집단이 되게 하실 뜻은 없으셨다. 예수께서는 그들이 지상에 하느님의 나라를 이룩하는 일에 유능한 협조자들이 되어 주길 바라셨다. 이 임무를 맡기시고자 그들을 준비시키셨으며, 그들을 파견하시어

가서 가르치고, 마귀를 쫓아내고, 병자를 고쳐 주게 하셨다(마태 10, 1).

요컨대, 예수님은 당신 친히 해 오신 일들을 제자들도 하게 되길 바라셨으니, 그들도 가르치고(마태 5-7장 산상설교 참조), 마귀를 쫓아내고 병자를 고쳐 주기를 바라셨다(마태 8-9장에 있는 열 가지 기적 집성문 참조). 모든 사람들에게 그들은 예수의 대리자이며, 또 사실이 그랬듯이 예수의 인격의 연장(延長)이 되게끔 되어 있었다. 따라서 그들을 맞아들이는 사람은 그분을 맞아들이는 것이며, 그들을 경멸하는 사람은 그분을 경멸하는 셈이었다(마태 10, 40).

온 세계에 복음을 선포하는 임무에 관해서는 부활하신 그리스도께서 다음과 같은 방법으로 밝히셨다 :

> "그러므로 여러분은 가서 모든 민족들을 제자로 삼아, 아버지와 아들과 성령의 이름으로 그들에게 세례를 베풀고 내가 여러분에게 명한 것을 다 지키도록 그들을 가르치시오"(마태 28, 19-20).

사도들, 즉 보내심을 받은 그들은 그리스도의 증인들이 되었다 :

> "그러나 성령이 너희에게 오시면 너희는 힘을 받아 예루살렘과 온 유다와 사마리아뿐만 아니라 땅 끝에 이르기까지 어디서나 나의 증인이 될 것이다"(사도 1, 8).

제자들은 사람들에게, 요한이 세례를 주던 때부터 예

수께서 하늘로 승천하실 때까지를 증언하고 특히 마지막을 장식하는 사건인 부활을 선포해야 했다. 베드로는 유다 대신에 다른 한 사람을 선출할 때에 이 점을 밝혔다 :

> "그러므로 우리는 우리 주 예수께서 우리와 함께 지내 오시는 동안, 곧 요한이 세례를 주던 때부터 예수께서 우리 곁을 떠나 승천하신 날까지 줄곧 우리와 같이 있던 사람 중에서 하나를 뽑아 우리와 더불어 주 예수의 부활의 증인이 되게 해야 하겠습니다"(사도 1, 21-22).

사도들은 바로 이 사실들을 선포했다. 사도들은 예수 사건을 기록할 생각은 없었으니, 그 까닭은 다음과 같다:

① 그 당시에는 그리고 장차 몇 해 동안에는, 팔레스티나에서 예수 사건은 널리 알려져 있었고 쉽게 잊혀질 수 없었기 때문이다.
② 사도들은 글로써보다는 말로써 더 효과적으로 증언할 수 있다고 생각했기 때문이다.
③ 그들은 주께서 곧 다시 오시리라고 기대하고 있었기 때문이다.

그러나 그리스도교 공동체가 성장하면서 예수에 관한 구전(口傳)을 차츰차츰 기록하게 되었을 것이다. 역사적으로 볼 때, 구전에서 기록으로 옮아 간 것은 필연적인 추세였다.

팔레스티나 공동체

사도행전의 증언에 의하면, 베드로는 "다른 열 한 사도들과 함께 일어서서 군중을 보고 큰소리로 이렇게 말했다. '유다 동포와 예루살렘 시민 여러분…'"(사도 2, 14). 이 선포의 결과로, "그들은 베드로의 말을 믿고 세례를 받았다. 그날에 새로 신도가 된 사람은 삼천 명이나 되었다. 그들은 사도들의 가르침을 듣고 서로 도와주며, 빵을 나누어 먹고 기도하는 일에 전념하였다"(사도 2, 41-42).

예루살렘 모교회는 믿음과 삶을 서로 나눔으로써 친교를 유지했다. 예루살렘의 그리스도인들이 **공동체**로 성장한 모습을 사도행전에서는 이렇게 묘사한다 :

> "믿는 사람은 모두 함께 지내며 그들의 모든 것을 공동소유로 내어 놓고 재산과 물건을 팔아서 모든 사람에게 필요한 만큼 나누어 주었다. 그리고 한마음이 되어 날마다 열심히 성전에 모였으며 집집마다 돌아가며 같이 빵을 나누고 순수한 마음으로 기쁘게 음식을 같이 먹으며 하느님을 찬양했다. 이것을 보고 모든 사람이 그들을 우러러보게 되었다. 주께서는 구원받을 사람을 날마다 늘려 주셔서 신도들의 모임이 커갔다"
> (사도 2, 44-47).

초창기 팔레스티나 공동체는 이랬던 것이다. 이 교회는 일치를 유지하면서 여러가지 기능을 효과적으로 수행했다. 실제로 어떤 이들은 믿지 않는 사람들에게 기쁜 소식을 직접 설교했고〔선포〕, 다른 이들은 최근에 세례를 받은 그리스도인들을 계속 가르치고 격려했으며〔교리교수와 훈계〕, 또 다른 이들은 외부로부터의 비난과 공격에 대해서 공동체의 믿음을 방어했고〔호교〕, 또 다른 이들은 율사 및 바리사이들과 논전을 전개하여 그들의 교리를 반박했던 것이다〔논쟁〕.

위의 여러 가지 기능 가운데서 믿지 않는 사람들에게 복음을 전한 기능을 주로 살펴보기로 하자.

초대 그리스도교 공동체의 선포 내용은 사도행전 10, 36 - 43과 1고린토 15, 3 - 5에 잘 드러나는데, 그 내용을 요약하면 다음과 같다 :

① 구약성서에서 하느님이 당신 백성에게 하신 약속이 이제 이루어졌다.
② 다윗의 후예로 태어날 것으로 학수고대한 메시아가 오셨다.
③ 그분은 나자렛 출신 예수로서
— 하느님의 능력으로 선한 일과 놀라운 일을 하시며 두루 다니시고,
— 하느님의 뜻을 이룩하시고자 십자가에 처형되셨으며,
— 하느님의 능력으로 부활하시고 승천하셨다.
④ 그분은 심판하러 영광스럽게 다시 오실 것이다.
⑤ 그러므로 모두 이 메시지를 듣고서 회개하고 세례를 받아 죄의 용서를 받도록 하라.

이게 바로 선포의 핵심이다. 그러니까 사도들은 산상설교나 윤리강령을 외친 것이 아니라 하느님의 위대

한 업적을 과시하는 십자가와 부활을 선포했던 것이다.

시간이 흐르면서 사도들은 선포의 핵심에다 **예수님에 관한 이야기**를 덧붙이게 되었다. 예수님에 관한 자료는 충분히 있었다. 사람들은 예수께서 어떻게 병자를 고치시고, 어린이들을 축복하시고, 군중을 먹이시고, 바리사이파 사람들의 비난을 잠잠하게 하셨는지를 아직도 생생하게 기억하고 있었다. 예수님에 관한 이야기는 주로 예루살렘·안티오키아·가이사리아·로마 등 초창기 기독교 중심지에서 발전되었을 것이다. 사도시대의 설교자들은 그 이야기들을 설교에 인용했고, 그리스도인들은 공동식사를 하거나 예배를 드리러 만날 때마다 그 이야기들을 자세히 되풀이했다. 이 단계에서는 아직 기억이 생생했고, 또한 글로 기록할 필요성을 안 느꼈다. 그때는 **구전**(口傳) 시기였다.

위에서 소개한 선포문에는 예수께서 평소에 하신 말씀이 들어 있지 않다. 그러기에 사도들이 예수님의 말씀을 소홀히 했다는 인상을 줄 수도 있겠다. 그렇지만 그리스도인들의 생활문제를 다룰 때 사도들은 예수님의 말씀을 자주 인용한 사실에 유의하라. 예를 들면, 사도 바울로 자신이 설립한 교회의 규범 문제를 다룰 때 예수님의 말씀을 인용하곤 했다.

> "결혼한 사람들에게 말합니다. 이것은 내 말이 아니라 주님의 명령인데 아내는 남편과 헤어져서는 안됩니다…"(1고린 7, 10).

> "내가 여러분에게 전해 준 것은 주님께로부터 받은 것입니다. 곧 주님께서 잡히시던 날 밤에

…"(1고린 11, 23-25).

"나는 여러분도 이렇게 수고하여 약한 사람들을 도와 주고 또 '주는 것이 받는 것보다 더 행복하다'고 하신 주 예수의 말씀을 명심하도록 언제나 본을 보여 왔읍니다"(사도 20, 35).

복음서와 사도행전과 바울로가 보낸 편지에 나오는 참고자료들을 보면, 예수님의 말씀이 얼마나 존중되었고 기억되었는지를 명확히 알게 된다. 이런 말씀들을 보존한 까닭은 부활 승천하신 주님이 평소에 하신 말씀이기 때문이기도 하지만, 그보다는 어느 교회의 어려운 규범 문제가 제기되었을 때에 그것을 해결해 주는 지침의 말씀이 되었기 때문이다.

예수께서는 여러 장소, 여러 시기에 걸쳐 가르치고 활동하셨다. 현재 복음서를 보면 예수님의 행동과 가르침이 연속적으로 계속된 것 같지만, 사실은 각각 다른 상황에서 행동하시고 가르치신 것이다. 예수께서 부활하신 다음 수십년 동안 그분의 말씀과 그분에 관한 이야기는 연결되지 않고 떨어진 채 입에서 입으로 전해졌다.

그러니까 복음서의 한 단원 한 단원은 본시 따로따로 전해 온 자그마한 구전들이었다. 그렇기 때문에 한 단원 한 단원은 현재 복음서의 문맥과 상관없이 따로 고찰할 수 있는 것이다(물론 복음작가의 편집사상을 연구할 때에는 현재의 문맥을 고려해야 한다). 문맥과 상관없이 한 단원을 살펴볼 수 있는 사례로, 예수께서 어린이들을 축복하셨다는 단원을 들겠다(마르 10, 13-

16). 이 단원에는 앞 문맥(마르 10, 12)과 뒷 문맥(마르 10, 17)이 있기는 하지만, 실상 전후 문맥은 예수께서 어린이들을 축복해 주신 이야기와는 아무런 상관이 없었던 것이다.

"…또한 아내가 자기 남편을 버리고 다른 남자와 결혼해도 간음하는 것입니다"(마르 10, 12).

"그리고 어린이들을 어루만지시게 하려고 사람들이 그들을 예수께 데리고 왔다. 그러자 제자들은 저들을 나무랐다. 그러나 예수께서는 보시고 언짢아하시며 그들에게 말씀하셨다. '어린이들이 내게 오도록 그대로 두시오. 그들을 가로막지 마시오. 사실 하느님의 나라는 이런 이들의 것입니다. 진실히 여러분에게 말하거니와, 어린이처럼 하느님 나라를 받아들이지 않는 사람은 결코 그곳으로 들어가지 못할 것입니다.' 그러고서는 그들을 껴안으시고 그들에게 손을 얹어 축복하셨다"(마르 10, 13-16).

"그리고 예수께서 길을 떠나실 때에 한 사람이 달려와서 그분 앞에 무릎을 꿇고 그분께 물었다. '선하신 선생님, 제가 영생을 물려받으려면 무엇을 해야 합니까?'"(마르 10, 17).

복음서에 이런 예는 허다하다. 어린이를 축복하신 이야기가 본디 앞뒤 문맥과 상관이 없었음은 분명하다. 그러니까 그 이야기는 문맥과 상관없이 따로 고찰할 수 있다.

끝으로 구전은 예수님의 말씀을 문자 그대로 반복하거나 그분께서 하신 일들을 정확하게 보고한 것이 아님을 밝혀야겠다. 구전 과정을 이해하기 위해서 두 가지를 고려해야 한다 :

① 사도들이 복음선포를 시작했을 때, 그들은 그리스도의 부활과 성령강림이라는 새로운 상황에 비추어서 복음을 선포했다. 따라서, 설교 때에 예수님의 말씀을 그대로 반복하거나 예수님의 행적을 정확하게 보고하지를 않았다. 그보다는 예수님의 가르침과 행적들을 자기들이 새롭게 이해한 대로 설교했다. 그렇다고 해서, 결과적으로 예수님의 말씀과 행적을 왜곡되게 선포했다는 뜻이 아니다. 다만, 제자들이 부활 전에는 명백하게 알아듣지 못했던 일들을 이제는 새로운 체험을 통해서 새롭게 알아들음으로써 그들 나름의 새로운 표현을 통해서 분명하게 전할 수 있게 되었다는 말이다.

② 예수께서는 구체적인 역사적 상황에서 활동하시고 가르치셨다. 그런데 상황이란 항시 바뀌게 마련이며 공동체들의 문제와 관심사가 늘 똑같을 수가 없다. 예수 생존시의 상황과 부활 후의 상황은 같지 않았다. 사도들은 당면한 구체적인 문제들을 예수께서 행하시고 가르치신 바에 비추어서 해결해야 했다. 이때문에 그들은 예수의 말씀과 행적을 상황에 따라 재해석하고 수정하는 수가 많았다. 그 예로, 마태오와 루가의 다음 구절들을 비교해 보자 :

"하늘에 계신 아버지께서 완전하신 것같이 여

러분도 완전한 사람이 되십시오"(마태 5, 48).

"여러분의 아버지께서 자비로우신 것같이 여러분도 자비로운 사람이 되십시오"(루가 6, 36).

공관복음서를 보면 하느님의 처신을 본받으라고 예수께서 명하신 적이 한 번 있는데, 마태오 식으로 명하셨는지 루가 식으로 명하셨는지 밝히기는 어렵다.

예수께서 하신 말씀을 곧이곧대로 기계적으로 반복하다 보면, 예수님의 본의(本意)를 배반하기 십상이다. 예를 들면, 어떤 특정한 논평이 한 상황에서는 농담으로 받아들일 수 있으나 다른 상황에서는 모욕적인 말이 될 수 있다.

기계적인 반복이 결코 본의를 충실히 따르는 것이 아님을, 프란치스꼬회 수도복을 예로 들어 설명할 수 있겠다. 성 프란치스꼬가 당시 그 수도복을 택한 이유는 그 옷을 입는 것이 자기와 동료들이 가난한 사람들처럼 살게 하는 데 도움이 된다고 생각했기 때문이다. 그 복장은 눈에 띄지도 않았고 값도 쌌다. 그러나 세월이 흐르자 프란치스꼬회 수도복은 매우 특이한 옷이 되었다. 유행이 바뀜에 따라, 프란치스꼬회 수도복은 한층 더 눈에 띄게 되었다. 1960년에 와서는 천 값이 너무 올라서, 그 수도복은 여느 수도복보다 세 배나 비싸게 되었다. 그러니, 지금도 그 옷이 "가난한 이들의 옷"이라고는 할 수 없다.

여하튼 이 예는, 예수 말씀의 본의를 전하기 위해서는 그 메시지를 듣는 사람들의 상황에 따라서 수정하고 재구성하는 것이 **불가피**했음을 말해준다.

복음서에는 이러한 수정과 재해석 작업의 흔적이 남아 있다. 팔레스티나 공동체의 당시 상황은 이러한 작업이 반드시 필요했으며, 이러한 작업이 복음 전승에 영향을 준 사실을 복음서에서 볼 수 있다. 예루살렘을 비롯하여 팔레스티나 공동체에서는 아람어를 사용했다. 이것은 예수님이 사용한 모국어였다. 따라서 그리스도교가 팔레스티나를 벗어나 지중해 각지로 전파되자, 복음의 전승은 또 한번 재해석되고 수정되지 않을 수 없었다.

이방계 공동체들

복음선포는 팔레스티나 지역에 국한되지만은 않았다. 예루살렘 교회가 창립된 지 넉넉잡아 10년도 못되어, 그리스도인 가운데 더러는 팔레스티나를 벗어나 다마스커스·안티오키아·에페소·알렉산드리아 등지로 가서 전도하였다. 외국에서 전도할 때에 그들은 우선 해외로 이민가서 살던 유대인들을 상대로 전도했다. 그러나 유대인들에게 배척을 받고 나서 이방인들에게 선포하게 되었는데, 이들은 헬레니즘, 곧 그리이스 문화의 영향을 많이 받은 무리였다.

말할 것도 없이 이방인들에게는 그리이스말로 전도할 수밖에 없었다. 그러나 팔레스티나에서 온 유대계 그리스도인이 아람어로 설교했다고 볼 때에 어느 누군가가 아람어 설교를 그리이스말로 통역해야만 했을 것이다. 이것은 결코 쉬운 일이 아니었다. 통역자들 가운데 그리이스말을 썩 잘 익힌 사람도 드물었을 것이다. 그러다 보니 같은 내용을 달리 통역할 수도 있었을 것이요, 그 결과로 오늘날 복음서에 나오는 말씀과 행적에 차이가 생겼을 것이다.

이 통역작업은 그저 한 언어에서 다른 언어로 옮기는 것에 그치는 것이 아니라, 청중이 설교 내용을 이해하고 음미할 수 있게끔 청중의 이해력 수준에 맞추어 적용한 때도 있다.

다시 말하자면, 상황이 달라지면 복음선포 방법도 달리 했다 하겠다. 이러한 일은 팔레스티나 내에서 이미 행해지고 있었다. 더구나 팔레스티나 밖에 사는 사람들을 위해서는 더욱 이 방법이 필요했으니, 그들은 예루살렘에 있던 최초의 청중들과는 배경이 전혀 달랐기 때문이다.

이 점은 베드로와 바울로가 각기 다른 청중에게 한 두 설교에 뚜렷이 나타나 있다. 성신강림날, 예루살렘 사람들에게 한 베드로의 연설은 베드로 자신과 청중 모두에게 익숙한 구약성서 구절들을 많이 이용하고 있다(사도 2, 13 - 36). 한편 바울로는 이와같은 접근방법으로 아테네에 있는 청중에게 설교할 수는 없었다. 그 대신 그는 아테네 사람들이 쉽게 이해할 수 있는 알지 못하는 신들에 대해 넌지시 언급했다(사도 17, 22 - 31).

신약성서는 그리이스말로 기록되어 있지만, 그리이스어 표현 배후에는 아람어 투가 엿보이는 수가 많다.

그 예로 "부르심을 받은 사람은 많지만 뽑히는 사람은 적다"(마태 22, 14)라는 말씀을 들 수 있다. 이 구절은 전형적인 아람어 숙어로서 "모든 사람이 불리었으나 모두가 다 뽑힌 것은 아니다(직역 : 모두보다는 적게)"라는 생각을 표현하고 있다. 이것을 이해하지 못하면 그 내용을 잘못 적용하게 될 것이다. 흔히 이 구절을 근거로 해서 무수한 사람들이 지옥으로 갈 것이라고 주장하나, 이는 턱도 없는 해설이다.

그러니까 복음을 어느 한 언어나 개념으로 고정화할 수는 없는 것이다. 즉, 복음을 화석화하거나 냉동시켜서는 안 된다는 말이다. 그러니까 초창기 전도사들은 제각기 자기 시대의 이념체제를 수용하여 복음선포에 이용했던 것이다.

> "사도들은 예수님에 대해 증언할 때에 무엇보다도 그분의 죽음과 부활을 선포하였다. 그들은 설교할 때에 청중이 처해있는 상황을 고려하면서 예수의 생애와 사상을 충실히 설명하였다. … 그들은 말씀을 전하는 임무를 수행할 때에 자기들의 목적과 청중들의 의식구조에 알맞은 여러 가지 방편을 이용했다"(《복음서의 역사적 진리에 대한 교서》 8항).

팔레스티나 교회에서 있었던 재해석과 수정작업은 이미 예루살렘에서도 있었지만, 팔레스티나 밖의 교회에서는 한층 더 심했다. 위에서 언급했거니와 팔레스티나 교회에서는 선포의 핵심내용을 전했을 뿐 아니라, 거기에다 예수님의 말씀과 행적을 덧붙여 소개하는 일을 하였다. 그런데 이방계 공동체들의 상황은 팔레스티나 교회의 상황과 달랐기 때문에, 거기서는 재해석과 수정작업을 한결 더 하지 않을 수 없었다.

이러한 활동의 자취를 복음서에서 더듬어볼 수 있다.

이들은 복음서를 구성하는 데 있어 이방계 공동체가 뛰어난 공헌을 했음을 보여준다.

유대계 공동체에서 이방계 공동체로의 전환은 그리스도교 생활양식 발전에 큰 영향을 주었다. 신학적으로 말하면, 유대계 그리스도인들이 그리스도교의 윤리지침을 받아들이는 데는 별 어려움이 없었다.

이와는 대조적으로, 그리이스인이나 로마인 그리스도인들이 그리스도교의 윤리지침을 받아들이기는 훨씬 더 어려웠다. 특히 자선윤리와 성윤리에 있어서 그러했다. 이들에게 그리스도교 윤리를 주입시키는 첩경은 주님이요 구원자이신 예수 친히 그렇게 가르치고 요구하셨다고 말하는 수밖에 없었다. 그래서 전도사들이 그리이스나 로마 사람들에게 그리스도교 윤리와 신앙을 가르칠 때에, 주로 예수님의 말씀과 설교를 소개했던 것이다.

4

복음작가들

지금까지 우리는 팔레스티나 안팎에서 예수님의 말씀과 행적이 어떻게 입에서 입으로 전해졌는지 살펴보았다. 구전 과정중에 예수님의 말씀과 행적 이야기는 단편적으로 전해지기도 했지만, 더러는 단편적인 말씀과 행적을 한데 모으기도 했다. 이제 우리는 집성된 말씀들과 사화들을 살펴보고자 한다.

단편 전승들을 모으기 시작하다

교직자들이 설교할 때에 짤막한 말씀이나 사화를 인용하는 수도 있었겠지만, 더러는 같은 주제를 다루는 말씀들과 사화들을 한데 묶어 소개했을 것이다. 그러나 어느 한 주제에 관계되는 말씀들과 사화들을 온전히 수집한 경우는 드물었을 것이다. 단편 전승들을 부분적으로 집성한 사례를 루가 11, 1-13에서 볼 수 있다 :

㉠ 루가 11, 1-4 : 예수께서 기도하고 계실 때에 제자들 가운데 하나가 "주님, 요한이 자기 제자들에게 가르쳐 준 것처럼 저희에게도 기도를 가르쳐 주십시오" 한다. 그러자 예수께서는 주의 기도를 가르쳐 주신다.

ⓛ 루가 11,5-8 : 주의 기도 다음에는 비유가 나온다. 밤중에 손님을 맞이한 사람이 친구에게 찾아가서 손님 접대할 빵을 꾸어 달라고 했지만, 친구는 거절한다. 그러나 계속 청하자 결국은 빵을 내어주었다는 것이다. 현재의 문맥에서 볼 적에 이 비유의 뜻인즉, 하느님께서 기도를 즉시 들어주시지 않더라도 항구히 기도해야만 한다는 것이다.

ⓒ 루가 11,9-10 : 같은 훈계를 명령형으로 이렇게 말한다: "구하시오, 받을 것입니다. 찾으시오, 얻을 것입니다. 문을 두드리시오, 열릴 것입니다 …"(같은 훈계가 마태오 7,7-8에도 수록되어 있으나, 주의 기도와는 상관없이 기록되어 있다).

ⓔ 루가 11,11-13 : 기도에 관한 집성문의 결론이다. 악한 아버지라 할지라도 제 자식에게만은 좋은 것을 준다는 비유가 수록되어 있다. 이 비유 역시 마태오 7,9-11에 주의 기도와 상관없이 기록되어 있다.

사실 루가 11,1-13에는 기도에 대한 여러 가지 가르침이 들어 있다. 예수께서 기도에 관한 여러 가지 훈계를 동시에 가르치신 것은 아니다. 그렇다면 예수 이후 어느 누가 이것들을 모았겠는데, 루가복음 작가가 모았는지 아니면 그에 앞서 어느 무명 전승자가 모았는지 밝히기는 어렵다. 그러나 후자가 집성했을 가능성도 고려해야 한다.

복음작가들

복음전승 발전의 마지막 단계는 복음 집필 단계이다.

서기 30년, 예수께서 부활하신 다음부터 거의 한 세대가 지나고 나서, 그리스도인들은 그분의 말씀과 행적을 **기록**할 필요성을 느꼈다. 복음서를 기록하게 된 동기는 다음과 같았을 것이다 :

① 예수를 뵙고 그분의 말씀을 직접 들었던 목격자들이 하나 둘 죽기 시작하자, 그리스도인들은 예수님의 말씀과 행적을 잊어버릴 위험에 처해 있었다. 따라서 그것들을 기록하기 시작했던 것이다.

② 개종자들이 초대교회로 끊임없이 몰려오게 되자, 그들을 가르치기 위해서 예수님의 말씀과 행적을 기록한 책이 필요하게 되었다.

③ 초대 그리스도인들은 예수께서 그들이 애초에 기대한 것과는 달리 곧 재림하시지 않는다는 사실을 알게 되었다. 예수의 재림이 지연되는 것과 비례하여 복음 메시지를 기록할 필요성이 커져 갔다.

이것이 복음작가들이 복음전승을 글로 적기 시작했을 때 처했던 상황이었다.

각 복음작가들은 여러 지역교회에 전해 온 예수 사료(史料)들을 모았다. 그 사료들 가운데는 단편적인 구전도 있었으며, 나아가서는 기록된 사료도 있었을 것이다. 복음작가들은 제각기 자기 관점에 따라 그 사료들을 수집하고 정리하였다.

《복음서의 역사적 진리에 대한 교서》에서 같은 점을 말하고 있다 :

"처음에는 구전으로 전해 오다가 차츰차츰 기록된 사료들을 복음작가들이 모아서 네 복음서를 집필하기에 이르렀다. 이는 교회의 유익을 위한 것으로 각자 의도한 목적에 알맞는 서술방법을 채택하였다. 그들은 자기에게 전해진 여러 가지 사료 중에서 **선택**도 하고 **종합**도 하고 당시 교회의 상황도 참작하여 **설명**하기도 하였다…"

"그들은 전해 받은 여러 가지 사료 중에서 믿는 이들의 상황과 자기들의 목적 달성에 적합한 자료들을 선택하였다. 그리고 그 자료들을 목적과 상황에 **맞추어** 설명해 주었다. 그리고 한 문장의 의미는 문맥에 따라 다르므로 복음작가들이 우리 구세주의 말씀과 행적을 수록할 때에, **어떤 것은 이 문맥에, 또 어떤 것은 저 문맥에** 배열하고 설명하였다…"

"따라서 성서주석가는 복음작가가 의도한 의미를 찾아내야만 한다. 곧 복음작가가 한 말씀 또는 한 행적을 왜 이런 방식으로 서술하고 이런 문맥에 배치했는지 그 의미를 찾아야 한다. 복음작가들이 주님의 말씀과 행적의 **순서를 바꾸고** 또한 그분의 말씀을 **곧이곧대로 기록하지 않았다**고 할지라도 복음의 진리는 훼손되는 것이 아니다…"(9항).

이제 우리는 복음작가들의 편집작업과 공관복음서 상호간의 관계와 두 가지 사료설(說)을 차례로 살펴보겠다.

편집작업

　복음작가들은 예수님의 말씀과 행적에 관한 사료들을 제멋대로 기분내키는 대로 다루지는 않았다. 그 이유는 우선 그들은 그 사료들을 교회 전승에서 물려받았기 때문이다. 더군다나 그 사료가 기록된 경우에는 더 제약을 받았다. 그럼에도 불구하고 복음사가들은 전승된 사료들을 상당히 자유롭게 적용하고 재해석했다. 복음서 집필은 어느 개인의 작업이기도 하지만, 오랜 전승과정의 마무리 작업이라 하겠다.

　그들은 복음을 선포하고 생활하는 분위기 안에 살면서, 교회를 위해서 예수전승들을 **기록**하기에 이르렀는데, 그때에 그들은 하느님의 인도를 받았다. 우리는 이를 일컬어 성령의 영감이라 한다. 영감을 받아 기록했기 때문에 그들은 교회의 공적 대변인들인 것이다.

　그러나 영감을 받았다고 해서 복음작가 개개인이 개성을 잃어버린 것은 아니다. 그러므로, 예수님의 가르침과 행적을 수용하고 재해석한 복음서에는 복음작가들의 개성이 드러나게 마련이다. 사실 네 복음서에는 각 복음작가가 애용하는 낱말과 문체, 그리고 강조되는 사상이 들어 있는 것이다. 《복음서의 역사적 진리에 대한 교서》에서도 복음작가들의 편집작업을 언급하면서 예수님의 가르침과 행적을 제각기 달리 배열하거나 다른 문맥에 배치한 사실을 지적했다.

　예수님의 행적을 달리 배치한 한 가지 사례를 보자. 예수께서 성전을 정화하신 이야기를 루가는 그분의 공적인 생애 끝부분에 배열했고(마르 11, 15 - 19;　마태 21, 12 - 17;　루가　19, 45 - 48), 이와　반대로　요한은 공생애 초창기에 배열했다(요한 2, 13 - 22).

이제 예수님의 가르침을 달리 배열한 사례로 잃었던 양을 되찾고 기뻐하는 목자의 비유를 보자.

루가복음서에 의하면, 예수께서 죄인들을 받아들이시고 또한 그들과 더불어 식사를 하시자 바리사이들이 불평을 한다(루가 15, 2). 그에 대한 답변으로 예수께서는 세 가지 비유를 말씀하셨는데, 그 가운데 첫째가 잃은 양을 되찾고 기뻐하는 목동의 비유이다(루가 15, 4 - 7). 이 비유를 발설하신 취지는 비유 끝부분에 나오는 말씀에 분명히 드러난다 : "여러분에게 말하거니와, 이와같이 회개가 필요없는 의인들 아흔 아홉보다 회개하는 죄인 하나를 두고 하늘에서 기쁨이 있을 것입니다"(루가 15, 7). 이 말씀의 뜻인즉, 예수님의 자비를 비평한 바리사이들은 하느님의 자비가 무엇인지 도무지 알아듣지 못했기 때문에 예수님의 처신을 비판했다는 것이다.

똑같은 비유가 마태 18, 12 - 14에도 수록되어 있으나, 여기서는 바리사이들을 상대로 말씀하셨다고 한다. 또한 비유를 끝맺는 말씀도 다르다 : "이와같이 하늘에 계신 여러분의 아버지께서는 이 보잘것없는 사람 가운데 하나라도 망하게 하는 것을 원하시지 않습니다"(마태 18, 14). 이 구절이 앞뒤 문맥과 잘 어울리는 것은 사실이다. 즉, 이들 작은 자들 중의 하나라도 업신여기지 말라는 앞 문맥과 교우 형제가 잘못했을 때 바로잡아 주라는 뒷 문맥의 훈계(마태 18, 15 - 17)와 썩 잘 어울린다.

아마도 루가는 원래 예수께서 그 비유를 말씀하신

상황을 잘 보존했고, 마태오는 자신이 소속한 교회에
서 마땅히 지켜야 할 "교회 규범"(마태 8장)을 편집하
는 기회에 이 비유를 수용 또는 도입했을 것이다. 같
은 비유가 루가에서는 바리사이파 사람들의 비난에 대
한 대답이지만, 마태오에서는 그리스도인 공동체의 지
도자들에게 이들 작은 자들 중 누구도 잃게 해서는 안
된다고 말하는 경고이다.
 바로 이 점이 예수님의 가르침을 적은 문맥에서 한
복음작가와 다른 작가 사이의 명백한 차이를 보여 주
는 좋은 예이다.

공관복음서 문제

 복음작가들은 복음서를 집필하기 위해서 수집한 자
료들을 편집할 때 그 자료들을 특수한 방법에 따라 처
리했다. 우리는 복음서를 읽을 때 이것을 염두에 두어
야 한다. 문자화된 〈복음서〉는 초대 그리스도교의 독
특한 산물로서, 복음서는 초기 그리스도교 신앙의 현
저한 특성을 그대로 지니고 있다는 것을 알아야 한다.
네 복음서의 내용을 집약하면 다음과 같다 :

 ① 예수님의 고난과 죽음과 부활을 일관성있게 또한
길게 이야기한다. 예수님의 이 세 가지 사건이 초창기
교회의 선포와 신앙의 핵심이기도 하였다.
 ② 예수님의 마지막 사건에 앞서 그분의 공적인 활
약상을 기록해 놓았다. 즉, 예수님의 공적인 말씀과
행적을 선별적으로 적어 놓았던 것이다. 물론 예수께
서 실제로 발설하신 말씀이나 행하신 행적을 순수하게

객관적으로 기록한 것은 아니고 예수 부활 신앙에 따라 새롭게 이해한 대로 기록한 것이다.

③ 마태오와 루가는 예수님의 공생활에서 한걸음 더 소급하여 예수님의 사생활을 다루기도 했다(마태 1 — 2장; 루가 1 — 2장).

④ 마침내 요한복음 작가는 역사에서 영원으로 소급하여 예수께서는 강생하시기 전에 하느님으로서 선재(先在)하셨다고 한다(요한 1, 1-18 참조).

현대 성서학자들은 복음서가 예수님의 공생활의 역사를 구사하기보다는 오히려 초창기 그리스도인들의 예수 그리스도 체험을 묘사하고 있다고 주장한다. 복음서가 예수님의 전기처럼 보이지만, 사실은 그리스도인들의 예수 그리스도 체험담을 담고 있는 것이다. 물론 복음서 가운데 일부 요소는 실제로 예수님을 따라다니던 사람들의 추억을 간직한 것이다.

오늘날 신약 학계의 통설을 따르면, 마르코가 역사상 맨 처음으로 복음서를 집필했다. 신도들이 신약성경을 펼쳐보면 마태오복음서가 맨 먼저 나오기 때문에 이 복음서가 맨 먼저 집필되었거니 생각할지도 모르겠다. 그러나 마태오복음서가 맨 먼저 나오는 까닭은 초창기 신도들이 그것을 다른 복음서보다 소중히 여기고 자주 읽었기 때문이다.

마르코가 복음서를 쓰기 시작할 적에 사도들로부터 전해 오던 선포문(케릭마)을 참조했는데, 이 선포문에는 예수님의 활약상 **윤곽**이 들어 있었다. 이것은 윤곽에 불과했지만, 후에 거기에다 예수님의 말씀과 행적을 곁들여 복음서를 엮었다. 마르코는 예수 전승들을 수집하여 서기 70년경에 교회사상 첫 복음서를 집필하였다.

그후 약 10 여 년이 지나, 마태오와 루가가 복음서를 집필했는데, 두 복음작가는 다같이 마르코복음서의 구조를 따랐다.

사려깊은 독자는 마르코·마태오·루가, 이렇게 세 복음서를 주의해서 읽어 보면 유사한 점이 많은 것을 알 수 있을 것이다. 세 복음서를 대조해 보면 낱말·문체·배열에 있어서 너무나 닮은 점이 많기 때문에, 사료상으로 밀접한 상관성이 있다고 할 수밖에 없다. 오늘날 신약학계에서는 마태오와 루가가 마르코복음서를 구해서 옮겨썼기 때문에 세 복음서간에 유사한 점이 많다고 본다. 이처럼 세 복음서는 밀접한 연관성을 갖고 있기 때문에 이들을 공관복음서들이라고 한다. 즉 마태오·마르코·루가 복음서는 따로따로 고찰해서는 안 되고 서로 대조하면서 함께 보아〔共觀〕마땅하다는 것이다.

어떤 말씀이나 이야기는 세 복음서에 다 있고 또 어떤 이야기나 말씀은 두 복음서에만 있고 한 복음서에는 없다.

나아가서 어떤 말씀이나 이야기는 오직 한 복음서에만 수록되어 있다. 그런데 세 복음서 모두 또는 두 복음서에 수록된 말씀이나 이야기 가운데는 같은 것들도 있지만은 서로 다른 것들도 있다.

이런 현상들로 말미암아 소위 〈공관복음서 문제〉가 대두되는데, 이는 공관복음서 상호간의 관계를 규명하고 아울러 복음작가들이 사용한 사료문제를 다룬다.

두 가지 사료설〔二出典說, 雙源說〕

세 공관복음서의 공통점을 설명하기 위해서 흔히 **이 출전설**을 내세운다. 이 설을 처음으로 제창한 사람은 독일의 유명한 언어학자 라흐만(Karl Lachmann, 1851년 사망)이었는데, 오늘날 가톨릭·개신교 가릴 것 없이 신약학계에서는 이를 통설로 받아들이는 추세이다. 이 설을 간단히 소개하면, 마태오와 루가는 다같이 두 가지 사료를 이용했다는 것이다 : 첫째, 마르코복음서를 사용했고; 둘째, 예수어록(약호 : Q)을 사용했다는 것이다. 이를 좀더 상세히 설명하면 다음과 같다 :

① 마르코의 우위성 : 공관복음서 가운데 마르코복음서가 맨 먼저 기록되었고, 마태오와 루가는 그것을 구해 옮겨 썼다고 본다.

● 마태오와 루가 둘다 마르코와 **공통된 소재**를 지니고 있다. 마태오에는 마르코의 자료가 거의 다 들어 있는 데 비해(마르코의 660 구절 중 600 구절이 마태오에 들어 있다), 루가에는 마르코의 내용이 반이 들어 있다.

● 마태오와 루가는 마르코의 **낱말**을 그대로 반복하면서 마르코와 **공통된 어휘**를 상당히 많이 쓰고 있다. 사실상 마태오는 마르코 어휘의 51%를, 그리고 루가는 53%를 그대로 사용했다.

● 마태오와 루가는 대체로 마르코의 사건 배열순서를 그대로 따르고 있어 결국 하나의 **공통된 순서**를 따

르고 있다. 둘 중의 하나가 이 순서를 따르지 않는 경우에도, 다른 하나만은 이 순서를 따르고 있다.

위의 사실들을 종합해 볼 때, 마태오와 루가가 마르코복음서를 이용했다는 결론을 내릴 수밖에 없다.

② 예수어록(Q) : 마태오와 루가는 마르코말고도 예수어록이라는 문헌을 구해서 옮겨 썼을 것이다. 사실 마태오와 루가 복음서에는 마르코에 없는 구절이 많이 있는데, 그 가운데 200 구절 이상이 소재가 같을 뿐 아니라 낱말조차 거의 같다(마태 3, 7 - 10과 루가 3, 7 - 9 비교, 그리고 마태 11, 25 - 27과 루가 10, 21 - 22 비교).
마태오와 루가에만 수록된 200 구절 이상에는 예수님의 행적 이야기는 거의 없고 이들은 주로 단편적인 말씀들이기 때문에, 이를 일컬어 예수어록(語錄)이라 한다. 불행하게도 예수어록 자체는 분실되어 전해 오지 않는다. 또한 마태오와 루가가 똑같은 형태의 어록을 구해 보았는지도 알 수 없다. 그렇지만 마르코에는 없고 마태오와 루가에만 전해 오는 200 구절 이상을 모아서 예수어록을 어느 정도 복구할 수 있다.
그럼 누가 언제쯤 왜 이 어록을 집필했을까 ? 현재의 연구단계에서는 견해가 분분하지만, 짐작컨대 시리아 지방의 어느 그리스도인이 서기 50년경에 새로 개종한 신도들에게 구체적으로 신앙생활을 가르치고자 집필했을 것이다.

③ 마태오의 특수자료와 루가의 특수자료 : 마태오와 루가복음서에는 마르코와 어록에서 빌려 온 자료말고

마태오복음서에만 또는 루가복음서에만 수록된 자료들이 상당수에 달한다. 이를 일컬어 마태오의 특수자료 또는 루가의 특수자료라고 한다. 마태오의 특수자료는 300 구절이 넘고, 루가의 특수자료는 무려 600여 구절이나 된다. 마태오의 특수자료의 예를 들면 다음과 같다 : 예수님의 족보·탄생·에집트 피신 이야기(1—2장), 베드로가 물 위를 걸은 이야기(14, 28-31), 유다의 운명을 예고하심(27, 3-10), 그리고 빌라도가 손을 씻음(27, 24-25)과 산상설교(5—7장)와 기타 여러 가지 가르침 같은 것들이다.

루가의 특수자료 가운데 반수 이상이 소위 갈릴래아에서 예루살렘으로 올라가신 상경기(9, 51—18, 14)에 들어 있고 나머지는 여기저기 흩어져 있다. 루가의 특수자료의 예를 몇 가지 들면 다음과 같다 : 나자렛 설교(4, 16-30), 죄녀를 용서하신 이야기(7, 36-50), 엠마오로 가는 두 사람에게 나타나신 이야기(24, 13-35) 그리고 착한 사마리아인 예화(10, 29-37), 잃은 아들을 되찾고 기뻐하는 아버지의 비유(15, 11-35), 바리사이와 세관원이 기도하는 예화(18, 9-14) 같은 것들이다.

지금까지 말한 바를 요약하면, 마태오는 복음서를 집필할 때 마르코와 예수어록(약호 : Q)과 자기의 특수자료(약호 : M)를 이용했고, 루가는 마르코와 예수어록과 자기의 특수자료(약호 : L)를 이용했다. 이를 도표로 그리면 공관복음서의 연관성이 한눈에 드러날 것이다.

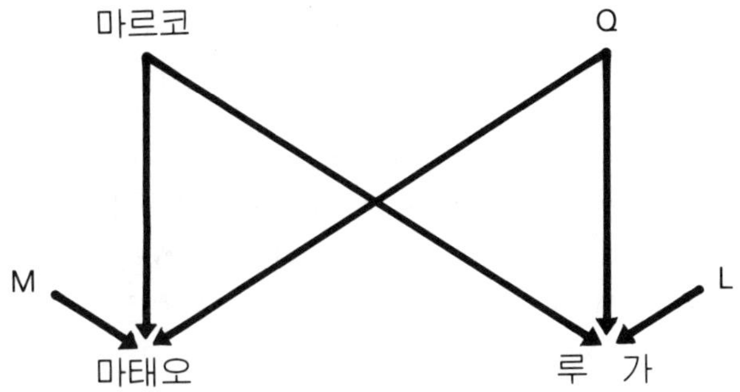

공관복음서간의 상호관계와 그 출전에 관해서 아직도
설들이 구구하지만, 위에서 제시한 이출전설이 가장
신빙성이 있다.

요 약

첫 복음서 곧 마르코복음서가 집필된 다음에도 예수
님의 말씀과 행적에 대한 구전은 입에서 입으로 계속
전달되었다. 마르코복음서는 마르코가 소속되었던 교
회에서 기록된 것이다. 그런데 그때까지 복음서가 기
록되지 않은 다른 교회에서는 예수님의 말씀과 행적에
관한 구전이 전승되고 있었다.

네 복음서 어디에도 수록되지 않은 예수님의 말씀과
행적이 있는데, 그것이 신도들의 입으로 전해 오다가
네 복음서 아닌 다른 신약 문헌에 기록되는 수도 있었
다. 예를 들면, "받는 것보다 주는 것이 더 복되다"
(사도 20, 35)는 말씀이 그렇다.

우리는 네 복음서에서 예수님의 전기를 찾을 생각은
아예 말아야 한다. 예수님의 말씀과 행적을 입에서 입

으로 전한 초창기 그리스도인들이나 후에 그 구전들을 기록했던 복음작가들이나 전기를 쓸 생각을 하지는 않았던 것이다.

예수께서 언제 어디서 이러저러한 말씀을 하시고 이러저러한 행동을 하셨는지 정확히 예수 생애의 상황을 밝히려는 것은 헛된 일이다. 원래는 예수께서 서로 다른 상황에서 하신 말씀과 행적이 구전으로 전해 오던 것을 한데 모은 것이다.

어느 가정의 예를 들어 설명하면, 복음작가들의 당시 상황을 좀더 분명히 설명할 수도 있겠다. 어느 날 당신이 먼지가 뽀얗게 덮여 있던 트렁크에서 30여 년도 더 묵은 사진들이 든 큰 상자를 꺼냈다고 하자. 이 사진들은 가족사진들로서, 사진 속의 어떤 분들은 당신이 태어나기도 전에 이미 세상을 떠나셨다. 그 사진들은 대체로 수십 년에 걸쳐 여기저기서 찍은 것을 아무런 순서 없이 온통 뒤섞어 놓은 것이다. 이런 사진들은 집에서 찍은 것, 해변에서 찍은 것, 여행하면서 찍은 것, 아니면 어떤 모임에서 찍은 것으로, 아무런 순서가 없이 뒤섞여 있었으리라. 그러나 개중에는 일정한 기간 동안에 찍은 것들을 따로 묶은 뭉치도 있을 것이고 시대별로 정리한 앨범도 있을 것이다.

이런 자료들을 가지고 이제 큰 앨범을 하나 만들 생각을 한다면, 당신은 그 많고많은 사진들을 어떻게 배열할 것인가? 사진에 나오는 사람들을 찾아 다니면서 언제 어디서 어떤 환경에서 이런 사진을 찍었는지 일일이 물어볼 수는 없을 것이다. 왜냐하면 사진 속에 나오는 사람들 가운데 일부는 벌써 죽었을 것이요, 설령 살아 있다 할지라도 지난날을 정확히 기억하지 못하는 사람들도 많겠기 때문이다. 그렇더라도 대충이나마 연대순으로 앨범을 작성할 수도 있을 것이다. 그것이 쉽지 않을 때, 반대로 아예 연대순을 무시하고 주제별로 분류할 수도 있을 것이다. 결혼식에서, 파티에서, 집에서, 여행중에 등등으로 나누어서 말이다. 또는 이미 따로 정리되어 있는 묶음들을 그대로 한데 모아 두거나, 아니면 다시 분리해서 재분류하고 싶어할 수도 있을 것이다.

여하튼, 최종적으로 완성한 그 앨범에는 당신 계획과는 전혀 맞지 않기 때문에 어떻게 해야 좋을지 모를 사진들이 더러 있을 것이다. 그렇다고 해서 그 소중한 자료들을 버리느니, 차라리 비록 꼭 적합한 자리는 아니더라도 앨범 어딘가에 그 사진들을 끼워 넣을 것이다.

초창기 교회 전도사들은 예수께서 하신 말씀과 행적 이야기를 객관적으로 정확히 전달할 생각을 하기보다는 예수 그리스도에 대한 신앙심을 불러일으키는 데에 주력했다. 그리하여 그들은 그때그때 청중에 알맞도록 복음의 메시지를 적용했던 것이다. 그러니까, 과거에 예수께서 하신 말씀과 이룩하신 업적을 곧이곧대로 전하기만 한 것이 아니라, 지금 이 자리에 현존하시는 부활하신 그리스도께서 그들에게 하실 말씀과 행적을 아울러 전했던 것이다.

따라서 문학적 또는 역사적 호기심을 채우기 위한 한낱 소일거리로 복음서를 읽어서는 안 된다. 복음서를 경청한다는 것은 지금 이 자리에서 예수 그리스도를 삶의 지표로 삼는다는 것이다.

믿는다는 것은 단순히 예수사건을 받아들인다는 것만이 아니고, 그 사건의 의미를 받아들인다는 것이다. 그러니까 사학적인 연구만으로는 복음서를 이해할 수 없고 오직 신앙의 안목으로 복음의 뜻을 간파할 수 있다는 것이다.

다행히도 복음서 집필 이전의 구전 전승자들이나 복음서를 집필한 복음작가들은 사실만 알려 주지 않고 사실이 뜻하는 의미도 밝혀 주었다.

그러므로, 우리는 위에서 말했던 가족사진의 예를 적용해서, 복음서는 예수님의 초상화라고 말할 수도 있겠다. 하기야 복음서가 예수님의 초상화인 이상, 물론 예수님에 대해서 말해 주고 있다. 그러나 실은 그 이상의 것을 이야기해 준다. 〈차가운 과학의 눈〉으로는 볼 수 없는 **그 이상**의 것들을 그리스도를 사랑하는 공동체가 포착해서 자기가 그린 초상화에다 그려 넣었던 것이다. 따라서 우리도 그 공동체가 보았던 것을 모두 보게 된다면, 우리도 예수님을 사랑하지 않을 수 없게 될 것이다.

복음서의 형성과정을 간결하게 말하자면, 세 단계로 설명할 수 있다 :

1단계 : 예수께서는 말씀하시고 행동하셨다. 그리고 그분의 목격자들은 예수님의 말씀과 행동을 비교적 정확히 기억할 수 있었다.

2단계 : 예수 부활 이후 초창기 여러 교회에서 기여한 바가 있다. ㉠ 팔레스티나 교회에서는 예수 부활 체험을 하고 그 체험의 조명 아래 지난날 예수께서 하신 말씀과 행적을 재이해하였다. ⓒ 팔레스티나 밖에 산 재한 헬레니즘 여러 공동체에서는 아람어로 전해 온 예수 전승을 그리이스어로 번역하는 작업을 했다.

　3단계 : 마침내 복음작가들은 예수 전승들을 수집하 여 복음서들을 편찬하기에 이르렀다.

　양식비평 방법들을 따르는 주석가들은 주로 두번째 문제를 다루었다. 이차대전 이후에는 편집비평 방법론 을 개발했는데, 여기서는 주로 세째 문제를 다룬다. 즉, 각 복음작가들이 애용하는 낱말이나 문체, 그리고 주창하는 신학사상을 집중적으로 연구한다. 사실 각 복음작가는 물려받은 예수 전승을 제각기 나름대로 풀 이했던 것이다. 근래의 편집비평은 종래의 양식비평을 보충한다 하겠다.

　최근에 와서는 구조주의 비평이 대두되고 있다. 구 조주의의 관심은 텍스트의 피상적 구조를 다루는 것이 아니라, 한편으로 텍스트의 피상적인 구조와 또 한편 으로 텍스트 안에, 텍스트 주변에 있는 깊은 구조들과 의 상관관계를 연구하는 것이다.

　어느 한 분야의 전문가 홀로 이런 관계를 밝힐 수는 없다. 여러 분야의 전문가들이 협동적으로 밝힐 수 있 기 때문에 구조주의 분석에 있어서는 학자간의 공동연 구가 필요하다고 하겠다.

제 2 부

5

마르코복음서

이제는 마르코가 제일 처음 복음서를 썼다는 것을 일반적으로 받아들이고 있다. 복음작가가 전승자료를 어떻게 수집하고 배열했는지 위에서 간략히 소개한 바 있다(39~55쪽을 보라). 마르코복음서 이전에 여러 단편전승들을 모아 줄줄이 엮은 집성문도 있었겠지만, 대부분의 전승들은 따로따로 떨어져 전해 왔다. 양식비평에서는 한 단원 한 단원의 구전과정을 주로 다룬다.

양식비평에서는 예수님의 말씀이나 이야기를 가능한 한 짤막짤막하게 자르고, 또 그렇게 해서 생긴 토막말씀이나 토막 이야기들을 일정한 범주에 따라 분류한다. 분류방법은 학자들에 따라 다르다. 루돌프 불트만(Rudolf Bultmann)과 마틴 디벨리우스(Martin Dibelius)가 양식비평 방법론을 신약학계에 처음으로 도입했는데 그들 역시 상이한 분류방법을 채택했던 것이다.

여기서는 빈센트 테일러(Vincent Taylor)의 분류법을 따르겠다. 그는 마르코가 그의 복음서에서 사용한 여섯 가지 양식을 다룬다. 즉, 상황어, 이적사화, 예수사화, 마르코의 편집요소, 집약문, 그리고 마지막으로 말씀과 비유들을 다룬다.

1. 상황어(狀況語) : 간단한 상황 묘사가 앞에 나오고 예수님의 말씀으로 끝나는 전승 단위를 일컬어 상황어라 한다. 이 경우에 상황보다는 말씀에 강조점이 있다. 그리고 상황묘사로 말할 것 같으면, 역사적 사실을 반영하는 수도 더러 있겠지만, 초창기 그리스도인들이 만들어 덧붙인 경우가 더 흔했을 것이다. 상황어의 예로서는 마르코 2, 23-28을 들 수 있다 :

"그리고 그분이 안식일에 밀밭 사이를 지나가시게 되었다. 그런데 그분 제자들이 길을 가면서 밀이삭을 뜯기 시작했다. 그러니 바리사이인들이 그분께 '보시오. 어찌 이 사람들이 안식일에 해서는 안 되는 일을 합니까?' 하였다. 그러자 그분은 그들에게 말씀하셨다. '다윗과 그 일행이 궁핍하고 굶주렸을 때에 다윗이 어떻게 했는지 당신들은 읽어 본 적이 없읍니까? 어떻게 그가 에비아달 대제관 때에 하느님의 집에 들어가서, 제관들이 아니면 먹어서는 안 되는 제단 빵을 먹고 또한 자기와 함께 있는 이들에게도 주었읍니까?' 그리고 그분은 그들에게 말씀하셨다. '안식일이 사람을 위해서 생겼지 사람이 안식일을 위해서 생기지 않았읍니다. 아울러 인자는 또한 안식일의 주인입니다.'"

2. 이적사화(異蹟史話) : 이적사화는 다음과 같은 요소로 되어 있다 : ① 상황묘사; ② 기적적인 치유; ③ 목격자들의 반응.

어떤 때에는 좀더 복잡한 양식을 지니는 수도 있

다 : ① 질병을 묘사한다; ② 예수께 대한 믿음을 분명하게 또는 함축적으로 서술한다; ③ 예수께서는 말씀이나 또는 행동으로 고쳐 주신다; ④ 치유된 사람이 치유 사실을 시위한다; ⑤ 목격자들이 반응을 보인다.

상황어와는 달리 이적사화에서는 언제 어디서 기적을 행했는지 장소와 시간을 명시한다. 대체로 상황어의 상황묘사가 막연한 데 비해서 이적사화에는 생생한 묘사들이 있다. 이적사화의 예로는 마르코 1, 23-28에 나오는, 회당에서 미친 사람을 고쳐 주신 이야기를 보라.

3. 예수사화 : 예수사화는 이적사화와 다르다. 사실 예수사화에는 일정한 양식이 없다. 또는 예수사화에서는 이야기에 등장하는 모든 인물들에게 관심을 갖게 한다.

초창기 그리스도교 지도자들이 설교하거나 가르칠 때에 상황어나 이적사화는 자주 거론한 반면에 예수사화에 대해서는 별로 관심을 보이지 않는다. 그러니까 예수사화는 그리스도교 공동체의 소산이라기보다는 어느 개인이 전해 준 이야기거나 또는 복음작가 개인이 기록한 이야기이다.

마르코복음서에 나오는 예수사화 가운데는 마르코가 베드로 같은 이의 목격담을 듣고 기록한 것이 상당수에 달할 것이다. 예수사화의 예로 마르코 1, 1-8에 나오는, 요한 세례자의 활약기를 들 수 있다.

4. 마르코의 편집소(編輯素) : 마르코복음서 작가나 또는 그에 앞서 어느 전승자들이 손질한 부분을 일컬

어 테일러는 편집소라고 했다. 복음서에 편집소가 상당히 있지만 그것을 정확히 가려내기란 매우 어렵다. 편집소의 예로 마르코 3, 13-19에 나오는 열두 제자를 뽑으신 이야기를 들 수 있다.

5. 집약문(集約文) : 집약문은 예수님의 말씀과 행적, 곧 그분의 활약상을 요약한 것이다. 중요한 집약문으로는 마르코 1, 15; 3, 7-12; 6, 6-13을 들 수 있다. 그밖에도 마르코복음 작가가 집약문을 덧붙이는 경우가 많다.

6. 말씀과 비유류 : 말씀과 비유류는 이제까지 말했던 사화자료들과는 일반적으로 구별되고 있다. 말씀과 비유류는 가르침에 속한다.

마르코 4장에는 여러 가지 비유가 집성되어 있고 마르코 13장에는 종말에 관한 설교가 수록되어 있다. 나머지는 대부분 단편적인 가르침들이다. 예를 들어 마태오복음서에는 긴 파견설교가 나오는 데(마태 10장) 반해서, 마르코에는 파견에 관한 말씀이 네 구절밖에 안 된다(마르 6, 8-11). 마찬가지로 마태오복음서에는 공동체 규범에 대한 긴 설교가 있는 데 반해서(마태 18장) 마르코에는 그런 규범이 열 구절 조금 넘을 뿐이다(마르 9장).

위의 여섯 가지 전승자료를 살펴보건대, 마르코는 다양한 사료를 이용한 셈이다. 마르코는 이런 전승사료들을 매우 존중한 것 같다. 그가 이런 자료들을 사용하여 교회사상 첫 복음서를 기록하게 된 경위를 살피

는 일은 매우 중요하다. 이를 연구하는 방법을 일컬어
편집비평이라 한다.

마르코복음서의 구조*

　머리말 (1, 1-13)
1. **메시아의 신비**(1, 14 ─ 8, 26)
　가) 예수와 군중(1, 14 ─ 3,6)
　나) 예수와 그를 따르는 사람들(3, 7 ─ 6,6)
　다) 예수와 제자들(6, 7 ─ 8, 26)
　분기점 : 베드로의 고백(8, 27-30)
2. **인자의 신비**(8, 31 ─ 16, 8)
　가) 인자의 길(8, 31 ─ 10, 52)
　나) 예루살렘에 대한 심판(11, 1 ─ 13, 37)
　다) 수난과 부활(14, 1 ─ 16, 8)
　부록 : 부활하신 예수의 발현들(16, 9-20)

마르코 16, 9 - 20에 대한 설명

　마르코 16, 9-20은 복음작가가 기록한 것이 아니고
후대의 어느 독자가 덧붙인 가필(加筆)이다. 실상 마르
코 16, 9-20은 마태오와 루가와 요한 복음서에 실려있
는 발현사화(發顯史話)들을 옮겨쓴 것에 불과하다.

　그러니까 서기 100년경 일단 요한복음서가 기록된 다
음에 어느 독자가 마르코 16, 9 - 20을 덧붙인 것이다.
정확한 가필연대를 밝히기는 곤란하지만, 이미 150년
경에는 덧붙여져 있었다. 마르코복음서가 16, 8로 어색

　* 상세한 구조분석은 〈부록 1〉을 보라(119~122쪽).

하게 끝났기 때문에 16, 9-20을 덧붙였을 것이다.

마르코 16, 8 다음에 16, 9-20을 덧붙이지 않고 그보다 훨씬 짧은 가필을 덧붙인 사본도 있다. 이를 일컬어 짧은 결문(結文)이라고 하는데, 그것은 4세기에 에집트에서 만들어진 것이다.

마르코복음 작가의 신학사상

1. 현재적 종말론 ― 미래적 종말론 : 예수께서는 주로 하느님의 나라에 관해서 말씀하셨는데, 그 나라는 한편으로는 장차 도래하겠지만 또 한편으로는 이미 도래하였다. 예수께서는 힘찬 말씀과 행적으로 구시대에 종지부를 찍고, 새로운 시대를 선포하고 이룩하셨으니 곧 하느님께서 종말론적 구원을 하사하시는 때인 것이다. 마르코는 1, 14-15에서 예수의 신국관(神國觀)을 집약해 놓았는데, 그 내용인즉, 하느님의 나라는 이미 도래했고 또한 가까운 장래에 완성된다는 것이다.

하느님의 나라를 쉽게 풀이하면 하느님의 작용이라 하겠는데, 하느님께서는 현재 드러나게 작용하시지 않고 은밀하게 작용하신다. 어느 누구도 하느님의 작용을 막을 수는 없는 법, 그분은 시간이 흐를수록 점점 강하게 작용하시어 마침내 역사를 완성하신다. 하느님의 이런 작용은 인간이 간파할 수 없을 만큼 불가사의한 성격을 지니고 있다[이 점에 관해서는 저절로 자라나는 씨의 비유(4, 26-29)와 겨자씨의 비유(4, 30-32)를 보라]. 이처럼 그 나라는 환히 드러나지 않았기 때문에 그리스도인이 아닌 사람들은 그것을 불신하게 마련이고(4, 11) 그리스도인들조차 확신을 갖고 믿지 못하고 실망하는 수가 있다.

그리스도인들은 하느님의 신비를 알아듣는 은혜를 받기는 했지만, 그렇다고 해서 자동적으로 하느님 나라에 들어가는 것은 아니다. 그러기 위해서는 그 나라로 인도하는 유일한 길이신 예수님의 말씀과 행동과 운명을 자기 것으로 삼아야 한다. 그러기 위해서는 완고한 마음을 떨쳐 버려야 한다. 그래야만 예수님의 구원하는 말씀에 순종할 수 있는 것이다.

2. 하느님 나라의 윤리적 요구 : 하느님 나라, 곧 하느님의 작용에 복종하자면 신앙인 개개인이나 신앙인 공동체의 생활에 있어 **근본적인 변화**를 이룩해야 한다. 현존하는 하느님 나라의 중요한 표지는 예수님의 부르심에 **철저히** 순종하는 것이요 **사심없이** 이웃에게 **봉사**하는 것이다.

마르코는 인간 안에 항존하는 유혹, 즉 하느님의 선물을 자기 자신의 소유로 여기고 권세를 누리기 위해서 재산을 남용함으로써 하느님과 공동체로부터 멀어지게 만드는 그 유혹과 맞서 투쟁한다. 하느님의 구원의 역사에 응답하여 월계관을 쓰려면 인간은 전적으로 굴복해야 한다고 요구한다(10, 42-45; 9, 47 참조).

3. 현재와 미래 사이의 대조 : 성체성사 전승에 대한 마르코적 구조를 보면, 그는 그 공동체의 현 상태와 미래의 하느님 나라 사이에는 현저한 차이가 있음을 알고 있었다. 지금 나누어 마시는 잔은 예수님의 고통과 죽음의 잔이고, 종말에 가서야만 이 잔 대신 예수님의 승리를 축하하는 잔을 마시게 된다(14, 25).

4. 마지막 때 : 현재 그 공동체가 복음을 선포하고 자기 십자가를 지며 끊임없이 깨어 있는 목적은 종말에 가서 하느님의 나라가 결정적으로 임하는 것을 보기 위해서이다. 마르코는 하느님의 나라가 언제 올지 그 정확한 시간을 계산하려는 시도는 하지 않았으나, 그 나라가 가까왔다는 것은 의심하지 않았다. 혹자에게 단죄받는 순간이 되겠으나, 인자를 부끄럽게 여기지 않는 이들에게는 결정적인 승리의 순간이 될 것이다(8, 38; 13, 5-37).

5. 메시아 비밀 : 마르코는 예수님의 죽음과 부활 이전의 시기와 그후의 시기의 차이를 분명히 알고 있었다. 다시 말하면, 예수께서 이승에서 사시고 활약하신 시기와 그분이 부활하신 다음에 생긴 그리스도교 공동체 시기의 차이를 알고 있었다. 마르코는 〈메시아 비밀〉 사상으로 그 차이를 표현했다. 예수께서는 평소에도 메시아이셨지만 당신이 메시아라는 사실을 숨기고 지내셨는데, 부활하신 다음에야 그분의 메시아 정체가 분명히 드러났다는 것이다.

복음사가에 의하면, 예수께서는 당신의 정체를 숨기시기 위하여 제자들, 병고로부터 치유된 사람들 또는 귀신들에게 함구령을 내리셨다고 한다. 이 함구령은 예수께서 부활하실 때까지만 지속된다고 보았다(9, 9). 그러니까 예수 부활 이후에 활약한 마르코복음 작가는 더 이상 함구령에 얽매일 필요가 없었던 것이다. 그리해서 그는 예수님의 기적들을 기록하고 또한 위대한 업적들도 기록했던 것이다. 세례를 받으실 때 예수님

홀로 들으셨던 말씀(1, 9-11)을, 베드로가 필립보의 가이사리아에서 고백했던 사실(8, 27-30)을, 그리고 거룩한 변모의 산에서 선택된 세 제자들에게 들렸던 거룩한 말씀들(9, 1-8)을 이제 모두에게 알려야 한다고 생각했던 것이다. 이제는 복음을 듣고 알고 싶어하는 사람은 누구나 다 예수님이 메시아이시고 하느님의 아들이시라는 사실을 알 수 있게 되었다. 예수님의 숨겨진 정체가 만천하에 드러나게 된 것이다.

예수님의 사명과 운명에 대한 점차적인 계시는 그분의 죽음과 부활로서 완결되었다. 바로 예수께서 숨을 거두시는 순간에 이방인들의 대표격인 로마군 백부장이 예수님의 정체를 밝혀 "참으로 이 사람은 하느님의 아들이었다"고 했던 것이다(15, 39).

그렇지만, 예수님의 과업이 완성된 것은 아니다. 그분은 종말에 다시 오시어 당신의 선민들을 모으실 것이기 때문이다(13, 27). 그분이 오시면 당신의 권능을 떨치시어 일체의 반대와 저항을 물리치실 것이다. 그 때에는 누구나 다 하느님의 나라를 명백히 알아 들을 수 있게 되므로, 더 이상 하느님의 나라를 선포할 필요가 없게 될 것이다.

6. 그리스도와 그리스도인들 : 그리스도인 공동체는 예수께서 가져오시고 선포하셨던 그 기쁜 소식을 선포한다. 예수님의 말씀 안에 드러났던 그 능력이 공동체의 말을 통해서 나타나고 있다.

한번 심겨진 말씀의 씨앗은 종말 추수 때까지 끝까지 자라고야 말 것이다. 그러나 복음을 반대하던 자들은 예수님의 공생활 시기에도 그랬듯이 공동체 시기에도 여전히 악의에 차 있다. **예수**께서 아버지께로부터 받으신 과업을 수행하셨기 때문에, 온갖 반대와 반박을 받으시고 결국엔 음모에 말려 죽으셨듯이, **그리스도인**들 역시 의회에 끌려가고, 회당에서 매를 맞고, 통치자와 왕들 앞에 서게 되고, 미움을 받고, 결국에는 예수님 때문에 또한 예수님을 알리는 복음 때문에 죽게 된다(13, 9-13).

예수님의 운명과 그리스도인들의 운명의 공통점은 마르코 8, 27 − 9, 1에 가장 잘 드러난다. 오늘날 신약성서 학계에서는 이 대목을 마르코가 창작한 편집소(編輯素)로 간주한다.

인자가 고통을 당하고 배척당하고 죽임을 당해야 했듯이, 그분을 믿고 따르는 사람들은 박해와 배척과 수치와 죽임을 당할 각오를 해야 했다.

예수께서 "섬김을 받으러 온 것이 아니라 섬기러"(10, 45) 오셨듯이 그리스도인들의 가장 두드러진 특성은 모든 이 중의 꼴찌가 되고 모든 이의 종이 되는 데 있다(10, 45; 9, 35). 그들의 의무는 어린이처럼 되어 다른 사람들에게 순종하고 복종하는 것이다. 그들은 결코 물질적 소유를 다른 사람을 지배하고 이용하고 종속시키는 수단으로 남용해서는 안 되었다(10, 14-15; 23-25).

7. 열두 제자와 그리스도인들 : 그리스도인들의 영신적 상태는 주님 생존시의 열두 제자의 상태와 근본적으로 다를 바가 없었다. 예수께서 부활하셨는데도 그

들은 여전히 두려워했고 제대로 이해하지를 못했던 것이다.

열두 제자처럼 그들도 예수께서 메시아임을 고백했다. 그들도 그분의 죽음과 부활에 대해서 배웠다.

거룩한 변모의 산에서의 세 제자들처럼 그들도 예수께서 하느님의 아들이심을, 그분만을 따라야 한다는 것을 알았다.

또한 열두 제자처럼 그들도 예수님 때문에 또 인간적으로 이해할 수 없는 그 십자가의 길 때문에 어리둥절해 있었다. 그들은 그분과 그분의 말씀을 부끄럽게 여기도록 유혹을 받았다.

그들은 "세상의 걱정과 재물의 유혹과 그밖의 여러 가지 욕심"(4, 19)에 대해서 여전히 마음이 끌렸다. 사탄이 와서 그들 안에 뿌려진 말씀을 앗아 갈 위험(4, 15)이 계속 따랐다. 그들은 아직도 거짓 그리스도들, 거짓 예언자들, 그따위들이 행하는 표징과 기적들에 (13, 5-6. 21. 22) 현혹되는 수가 있었다.

인자가 와서 구원할 날을 기다리는 것까지는 좋았지만, 그러다 보면 환상에 빠지는 수도 있었다. 그러기 때문에 그들은 깨어 있으라는 훈계를 계속 들어야 했다(13, 37). 또한 항상 다른 사람들에게 군림하려는 유혹(10, 42-44)을 느꼈다.

그들은 그들 자신의 운명이기도 한 예수님의 운명에 대해 불성실하게끔 만드는 위험에서 결코 완전히 벗어나지를 못했다. 마르코가 그처럼 강력히 주창한 〈메시아 비밀 사상〉 역시 복음작가가 동시대 그리스도인들의 잘못된 생각을 바로잡아 주려고 한 것이다. 즉, 당대 그리스도인들이 예수님을 승승장구하는 메시아로 보는 생각을, 그리고 신앙생활로 현세 축복을 얻으려는 생각을 바로잡아 주려고 메시아 비밀 사상을 제창한 것이다.

따라서 그리스도인들은 아직도 새벽의 미명에서 살고 있다. 예수님의 공생활은 밤이 끝났음을 그리고 종말론적 빛이 왔음을 의미했지만, 종말론적 날의 그 밝은 태양은 아직 떠오르지 않았던 것이다. 예수께서 메시아요 하느님의 아들이라는 사실이 드러났음에도 불구하고 세상은 아직도 그것을 알아보지 못했던 것이다. 사탄은 패배했지만, 아직 그 능력이 완전히 전멸된 것은 아니다. "믿지 않는 이들"은 이미 단죄받았지만, 그래도 그들은 여전히 예수님의 추종자들을 박해할 수 있다.

그리스도인들은 구원받았지만, 아직도 하느님의 기준에서가 아니라 사람의 기준으로 판단(8,33)하려는 경향에서 벗어나지 못하고 있다. 그러니까 그리스도인이라는 실존은 역설적이라 하겠다. 즉, 때는 이미 왔으나, 모든 의심과 나약함을 없애 줄 그 때는 아직 오지 않은 것이다.

8. 하느님 나라의 상황 : 예수님의 죽음과 부활 후의 하느님 나라의 상황은, 마르코의 관점에서 볼 때 예수 생존시의 상황과 근본적으로 다를 바가 없다. 그 나라는 예수께서 기쁜 소식을 선포하심으로써 이미 기존 현실이 되었던 것이다.

마르코는 예수님의 사상을 집약하여 "때가 차서 하

느님의 나라가 다가왔다" 하였다(1, 14-15). 이 구절
이야말로 마르코가 복음서 전체에서 말하고자 하는 내
용을 집약한 것이다. 이 집약문을 풀이하면 예수께서
는 말씀으로 하느님의 나라를 알리시고 행적으로 그
나라를 구현하셨다는 것이다.

하느님의 나라는 이미 와 있기 때문에 이를 없애 버
릴 수가 없다. 어떤 악마적 또는 인간적 힘도 그 빛을
끌 수 없고, 그 힘찬 성장을 정지시킬 수도 없다. 하느
님의 아들 예수 그리스도로 말미암아 하느님의 나라가
도래했다는 그 기쁜 소식은 모든 민족에게 선포되게
마련이다(13, 10). 이는 하느님이 예정하신 바인데 이
런 예정이야말로 취소될 수 없는 것이다.

그리스도인 공동체는 예수께서 선포하신 것을 선포
한다. 즉, 그 선포는 같은 내용이며 같은 종말론적 구
원의 거룩한 행적을 말하고 있다. 또한 예수께서 선포
하신 말씀 안에서 일하셨던 그 성령께서 그 공동체의
말 속에서도 일하고 계시다. 예수께서 세례를 받으셨
을 때 내리셨던 그 성령이 그리스도인들이 믿음을 증
거할 때도 함께하신다(13, 9-11). 그 공동체는 하느님
나라의 신비를 깨닫는 은혜를 받았다. 즉, 하느님께서
사람에게 주시는 선물 중 가장 큰 이 선물을 받았고,
이미 그 기쁨을 누리고 있다(4, 11; 10, 14-15. 30).

요   약

세상의 상황과 그 안에 살고 있는 공동체의 상황은
물론, 선포한다는 그 사실 자체와 내용이 바로 하느님

의 나라는 이미 와 있지만 아직도 오고 있다는 것을 분명히 보여주고 있다. 선포되어야 한다는 그 사실이 하느님의 나라가 감추어져 있다는 증거가 되겠다. 왜냐하면 종말에 가서는 선택된 이들과 단죄받는 이들 모두에게 분명히 드러날 그 사실을 더 이상 선포할 필요가 없기 때문이다. 마르코 1,15ª에서 때가 다 되었음과 하느님의 나라가 오고 있음을 각별히 나란히 쓴 것은 완전하게 되기를 기다리고 있는 완성의 역설적 상태를 잘 말해주고 있다.

예수님의 공생활 때와 마찬가지로(4,26-29) 하느님의 나라는 여전히 작고 하찮고 미약한 듯하며(4,30-32) 틀림없이 성취되리라는 확신을 설명하기가 힘든 것 같다.

평소에 예수님을 반대하던 적수들의 뒤를 이어 이제 그리스도인들을 반대하는 비그리스도인들이 나타났다. 그런가 하면 평소에 열두 제자들이 예수를 이해하지 못했던 것처럼 이제 교회 안에도 예수님의 발자취를 따르지 않는 신도들이 나타났다.

하느님의 나라는 감추어진 실체로서 능력을 떨치며 올 그 순간까지는(9,1) 그대로 감추어져 있을 것이다. 그리스도 교회는 하느님의 나라에서 한몫을 차지하기는 하지만, 그렇다고 해서 교회가 곧 하느님의 나라인 것은 아니다. 교회와 하느님 나라가 같지 않다는 사실은 세상이 싫건좋건 교회의 존재를 인정하는 반면에 하느님 나라의 존재 또는 하느님의 존재를 부정하는 사실만 보아도 분명하다.

예수께서 지상에 사신 때에나 그 이후 교회의 역사

가 흐르는 때에나 하느님의 나라는 여전히 숨겨진 나
라다. 그 나라는 역사의 종말에 가서야 환히 드러날 것
이다.

마태오복음서

오늘날 신약학계에서는 마르코복음서가 가장 먼저 씌어진 복음서로 간주된다. 이와는 대조적으로 서기 200년경에 활약한 이레네오(Irenaeus)를 비롯하여 고대·중세·근대 신학자들은 마태오복음서를 맨 처음 기록된 책으로 생각하였다. 사실 그리스도교회와 신학은 신약성서 가운데 어느 작품보다도 마태오복음서의 영향을 막강하게 받았다.

그리하여 마태오복음서는 규범적 성격을 지니게 되었다. 그러기 때문에 예수님의 가르침을 익히고자 하는 그리스도인들은 마태오복음서를 읽고 연구했던 것이다. 이 복음서를 일컬어 교회의 복음서라고 한 까닭은 여기에 있다.

마태오복음서의 구조

신약학계의 통설을 따르면, 마태오복음서의 구조를 밝히는 데 있어 시간과 장소를 밝히는 자료들은 별 소용이 없다고 본다.

전통적인 설을 따르면, 마태오복음서는 다섯 권으로 짜여 있다. 각 부분은 이야기로 시작하고 설교로 끝맺는데, 다섯 가지 설교를 지적하면 산상설교(5—7장),

파견 설교(10장), 비유 설교(13장), 공동체 규범 설교
(18장), 종말론적 설교(24-25장)이다. 그리고 이 다
섯 부분은 맨 앞에 머리말(1-2장)이 있고 맨 끝에 맺
는말(26-28장)이 있다.
　그런가 하면 다른 이들은 유아시기사화(1-2장)를
단순히 머리말로 보고 고난과 부활사화(26-28장)를
단순히 맺는말로 보는 입장에 반대한다. 이들은 두 부
류의 사화를 마태오복음서의 다섯 부분 속에 포함시키
려고 한다. 마치 모세가 오경을 집필했던 것처럼 마태
오도 자기 복음서에서 다섯 주제를 다루었다는 것이
다.
　대부분의 신약학자들은 이 위의 두 가지 설을 다 용
납하지 않는 편이다. 두 가지 설은 복음서의 구조를
더욱 인위적이고 단순하게 보았다는 것이다.
　대부분의 학자들은 이런 설들을 반대하고 그 대신
마태오복음서 전체를 살펴보고 좀더 사리에 맞는 구조
를 찾고자 노력하였다. 참고삼아 필자는 복음서의 구
조를 아래와 같이 제시한다. *

머리말(1, 1-2, 23)
1. **유대 백성들이 예수를 믿으려 하지 않다**(3, 1-13, 58)
　　예수의 공생활 준비(3, 1-4, 11)
　　가) 예수의 행적과 말씀은 위대하시다(4, 12-9, 34)
　　나) 예수께서 제자들을 파견하시다(9, 35-10, 42)
　　다) 예수를 위하느냐, 거스르느냐, 결단을 내려야 한
　　　　다(11, 1-13, 38)

　* 상세한 구조분석은 〈부록 2〉를 보라(123~126쪽).

2. 과도기적 부분 : 빵을 많게 하시다(14, 1 — 16, 12)

3. 교회론적 부분(16, 13 — 20, 16)

4. 예루살렘으로 올라가시고 거기서 활약하시다
   (20, 17 — 25, 46)

5. 수난과 부활(26, 1 — 28, 20)

마태오복음 작가의 신학사상

마태오복음서에 대해서 모든 편집비평가들이 동의하는 점이 한 가지 있다. 그것은 마태오복음서에는 마르코·루가 또는 요한 복음서에서보다 어떤 조직된 공동체의 영향이, 즉 하나의 〈교회〉의 영향이 더 뚜렷이 드러난다는 점이다. 마태오복음서에 깔려 있는 그 교회는 두 가지 의미에서 이 복음서에 기여한 셈이다 : ① 복음작가가 기록한 예수 전승은 교회에서 취했으니만큼 교회야말로 예수 전승의 **출처요 모체**라 하겠다; ② 마태오는 교회 안에서 복음서를 집필했으니만큼 교회는 그의 집필 장소요 공간인 셈이다.

마태오복음서의 이러한 근본적인 교회론적 성격을 올바르게 포착하고 또한 이 복음서의 핵심적인 교회론적 관심을 재빨리 이해하려면, 마태오복음서를 처음부터 끝까지 읽어야 한다.

실상, 편집비평의 견해에서 볼 때 마태오 28, 16-20에 있는 엄숙한 결론은 마태오복음서를 이해하는 **열쇠**인 것이다.

"열한 제자는 갈릴래아로, 곧 예수께서 자기들에게 일러주신 산으로 갔다. [17]그들은 그분을 뵙고 절하였다. 그러나 더러는 의심을 품었다. [18]예수께서는 다가오셔서 그들에게 이르시어 말씀하셨다. ‘나는 하늘과 땅의 모든 권능을 받았읍니다. [19]그러므로 여러분은 가서 모든 민족들을 제자로 삼아, 아버지와 아들과 성령의 이름으로 그들에게 세례를 베풀고, [20]내가 여러분에게 명한 것을 다 지키도록 그들을 가르치시오. 보시오, 나는 세상 끝맺음까지 어느 날이나 여러분과 함께 있읍니다.’”

마태오복음서를 쓰면서, 그 말씀을 들었을 당시처럼 이 엄숙한 결론을 항시 염두에 두었다. 여기 보면, 제자들은 갈릴래아에 있는 산으로 갔다(4,8; 5,1 참조). 부활한 그리스도께서 제자들에게 나타나시어, 하느님께서 모든 창조물을 다스릴 모든 권능을 당신께 주셨다고 말씀하셨다.

이 권능으로, 부활한 그리스도는 제자들을 파견하시어 세계 만민을 제자로 삼으라고 하신다. 즉, 온 인류를 하느님의 백성으로 삼으라고 하신다. 마태오 10,6에서 제자들을 오직 이스라엘 백성에게만 파견하신 것과는 사뭇 다르다. ① 그러기 위해서 세상 만민에게 세례를 베풀라고 하신다. 이스라엘 백성이 하듯이 할례를 베풀라고 하지는 않으셨다. ② 또한 “내가 여러분에게 명한 것을 모두” 세상 만민에게 가르치라고 하신다. 여기 예수께서 명하신 내용은 마태오복음서에 수록된 여러 가지 설교에, 그중에서도 특히 산상설교(5— 7장)에 드러난다. “나는 어느 날이나 여러분과 함께 있겠읍니다"는 이 말은 구약의 하느님이 이스라엘 백성과 계약을 맺으실 때에 하신 말씀과 흡사하다. 또한 우리는 마태오 1, 23에 나오는 임마누엘이라는 낱말을 상기하게 된다. 임마누엘은 하느님께서 우리와 함께 계시다는 뜻이다.

마태오 28, 16-20의 내용을 풀이하면, 하느님의 나라, 곧 하느님의 통치는 부활하신 그리스도의 통치로 실현된다는 것이다. 또한 하느님의 백성은 교회에서 곧, 부활하신 그리스도를 믿는 제자들의 모임에서 실현된다는 것이다. 이들 제자들은 부활하신 그리스도께서 보내신 사람들을 통해서 세례를 받고 또한 그리스도의 법을 익히게 된다. 마태오복음서의 결론 부분이야말로 복음서 전체를 이해하는 열쇠라는 점을 밝혔으니 이제 복음작가의 편집사상을 하나씩 살펴보고자 한다.

하느님의 통치는 부활하신 그리스도의 통치로 실현된다

하느님의 통치는 부활하신 그리스도의 통치로 탈바꿈한다. 말하자면 **신론적(神論的)**인 통치가 **기독론적(基督論的)**인 통치로 바뀌는 것이다. 부활하신 그리스도께서는 전권을 위임받으셨고 세상 종말까지 당신 제자들과 함께 계시다. 그렇다고 해서 그분이 살아 가신 지상 생애가 무의미한 것은 아니다. 그분의 과거생활이 교회의 역사 속에서 계속 영향을 끼친다. 그 영향을 두 가지로 볼 수 있는데, 첫째는 예수께서 평소에 가르치신 규범이 계속 유효하고, 둘째는 예수께서 차츰차츰 유대교 민족주의를 저버리고 온 인류를 안중에 두셨는데 교회는 마땅히 이 점을 익혀야 한다.

마태오복음서에는 구약성서 인용문이 많다. 평소에 예수께서도 친히 구약성서를 인용하신 적도 있겠지마는 마태오복음 작가가 소속한 교회에서는 더 더욱 자주 구약성서를 인용하고는 하였다. 마태오의 교회 신도들은 구약성서의 조명 아래 예수사건을 이해했던 것이다. 구약성서 인용문 가운데서도 소위 **성취 인용문**(formula quotations)을 애용했는데, 성취 인용문은 번번이 "그리하여 주께서 예언자를 시켜 하신 말씀이 이루어졌다"는 인용 도입문으로 시작한다.

요컨대 구약의 예언이 예수사건으로 성취되었다는 것인데, 이런 주장을 한 까닭은 불신하는 유대인들을 상대로 예수나 그리스도교를 옹호하려는 의도는 있지마는, 그보다는 예수사건이야말로 하느님의 구원경륜에 따라 이룩되었다는 사실을 밝히려는 것이다.

일찌기 하느님께서는 마지막 날에 당신께서 하실 일들을 선포하셨다. 예수님과 함께 이러한 마지막 날들이 온 것이다. 예수님 생애에 있었던 그 사건들은 바로 구약성서 작가들이 예고한 바를 실현한 것이다.

마태오는 자신이 사용한 사료를 곧잘 가감·수정했는데, 그렇게 한 까닭인즉 구약의 예언이 예수로 말미암아 실현되었다는 것을 보여주려는 것이었다.

20세기를 살아가는 우리의 입장에서는 마태오복음 작가의 구약성서 이해를 시대에 걸맞지 않는다고 반대할 수도 있다. 그렇지만 이것 하나만은 인정한다. 즉, 구약성서의 예언이 예수로 말미암아 실현되었다고 주창한 깊은 뜻은 예수 그리스도에 대한 신앙을 표현하는 것이다. 곧, 예수 그리스도야말로 하느님의 구원통치를 이룩하신 분이기에 그분을 믿고 순종해야 마땅하다는 것이다.

예수께서 부활하신 다음에 그리스도인들은 그분을 높이는 존칭을 사용했는데, 이를 일컬어 **그리스도론적 존칭**이라 한다. 복음작가들은 예수의 생애와 활약을 기술할 때에도 예수께 이런 존칭을 드리는데, 마르코보다는 마태오가 더욱 그러하다.

마태오는 부활하신 그리스도에 대한 믿음에 입각해서 예수의 인품과 업적을 평가한다. 예를 들면, 그리이스어로 〈그리스도〉(히브리어로는 〈메시아〉) 존칭은 마르코복음서에는 7번 나오는 데 비해서 마태오복음서에는 17번이나 나온다. 예수 시대의 유대인들은 **다윗의 후손** 가운데서 메시아가 탄생한다고 믿은 까닭에, 〈다윗의 아들〉이라는 존칭은 메시아와 같은 뜻이다. 다윗의 아들 존칭이 마르코복음서에 단지 두 번 나오는 데 비해서 마태오복음서에는 무려 아홉 차례나 더 나온다.

〈하느님의 아들〉이라는 존칭으로 말할 것 같으면, 마르코는 매우 드물게 사용하는 데 반해서 마태오는 기꺼이 사용하고는 했다.

마르코복음 작가가 생생한 묘사나 심리학적인 서술을 즐긴 데 반해서 마태오복음 작가는 예수님의 품위를 강조하기 위해서 그런 것들을 삭제하기 일쑤였다. 마태오복음서의 그리스도는 큰 권위를 지니고 계시다. 마태오는 사람들이 주 그리스도께 〈경배〉를 드렸다고 자주 말한다(8,2; 9,18; 14,33; 15,25; 20,20; 28,9.17을 보라). 그러므로 마태오복음서에 〈주님〉의 존칭이 그리스도론적 존칭으로서 자주 나타나는 것이 조금도 이상할 것이 없다(그 예로, 8, 2. 6. 8. 21. 25; 14, 28. 30을 보라).

그리스도인들이야말로 하느님의 참 백성이다

마태오는 유대교와 그리스도교, 이스라엘 백성과 그리스도인들을 **대립관계**로 보는데, 이 점이 그의 교회론의 가장 두드러진 특징이라 하겠다. 이는 포도원 소작인들의 우화를 해설하는 구절에 가장 잘 드러난다. "여러분에게 말하거니와 그분은 여러분에게서 하느님 나라를 빼앗아 그 나라의 소출을 내는 민족에게 주실 것입니다"(21, 43).

마태오복음서를 살펴보면, 모세는 예수님을 예언한 분[豫型]으로, 그리고 예수님은 그 예언을 이룩하신 분[本型]으로 나타난다. 신약학계에서는 모세와 예수님의 관계를 일컬어 〈모세 예표론(豫表論)〉이라 하는데, 이 예표론 역시 옛 이스라엘 백성과 새 이스라엘 교회의 대립관계라는 큰 맥락 안에서 이해해야 한다. 예수께서는 새로운 모세요 새로운 입법자이신데, 그분은 비교도 되지 않을 만큼 옛 모세를 능가하시는 분이시다. 이런 사상은 유아시기사화와 산상설교와 그밖의 나머지 설교들과 계시의 장소로서 〈산〉을 내세운 대목에 잘 드러난다.

이 대립관계에 비추어볼 때, 이미 언급했던 마태오의 두드러진 특징을, 즉 **구약을 계속 인용**하는 점을 또한 이해할 수 있다. 하느님의 새 백성인 교회는 그리스도인들이 본디 구약성서에 대해 이해했던 바에 따라서, 즉 교회는 참 이스라엘이라는 입장에서 자신을 이해한다. 이는 교회는 단순히 고대 이스라엘을 계승하는 것뿐 아니라 고대 이스라엘의 연속이요 성취라는 뜻이다. 복음작가는 교회가 이스라엘을 배척했다는 식의 단절보다는 이스라엘의 부족한 점을 메꾸는 완성으로 본다.

이 역사적인 예수께서는 이스라엘을 반대하기 위해서 파견되신 것이 아니라 이스라엘을 위해서 파견되신 것이다. 그러나 이스라엘 백성이 그분의 전갈을 배척했기 때문에 구원받을 특전을 상실했다. 예수께서는 부활하신 다음에 하늘과 땅에서의 전권을 받으셨으며(28, 18), 그 결과 그분의 제자들은 온 백성에게 가서 만민을 그분의 제자로 삼게 되었다(28, 19).

예수께서는 생시에 이방인 전도를 금하신 바 있다 : "여러분은 이방인들의 길로도 나아가지 말고 사마리아인의 고을로도 들어가지 마시오. 오히려 이스라엘 가문의 잃은 양들에게로 가시오"(10, 5-6)라고 하셨던 것이다. 그러나 부활하신 다음에는 이방인 전도를 명하여 "여러분은 가서 모든 민족들을 제자로 삼으시오"(28, 19)라고 하셨다. 복음작가는 예수 부활 이전과 이후의 상황이 다르다는 것을 분명히 의식했던 것이다.

마태오의 교회에는 유대계 그리스도인뿐 아니라 이방계 그리스도인들도 있었다. 마태오는 이 교회를 위해서 복음서를, 특히 복음서 안에 있는 다섯 가지 설교 집성문을 집필하였다. 즉, 공동체 규범(18장), 하느님의 나라를 선포하는 산상설교(5—7장), 하느님 나라의 신비를 밝히는 비유설교(13장), 하느님 나라의 완성을 알리는 종말설교(24—25장)는 모두 자기 교회를 위해서 집필한 것이다. 다섯 가지 설교는 하느님 나라의 여러 가지 국면을 드러내고 있다.

  ① 산상 설교(5—7장) : 하느님 나라의 헌장
  ② 파견 설교(10장) : 하느님 나라의 확장
  ③ 비유 설교(13장) : 하느님 나라의 신비와 본질
  ④ 공동체 규범(18장) : 하느님 나라의 내적 구조
  ⑤ 종말 설교(24—25장) : 하느님 나라의 완성

이 다섯 가지 설교는 전부 마태오가 전승자료들을 물려받아 나름대로 편집한 것이다. 마태오는 예수의 인품 안에 나타난 하느님의 나라가 예수 부활 이후에는 교회 공동체에 드러난다는 점을 분명히 하고 있다.

마태오에 의하면 이 공동체 안에 "좋은 것과 나쁜 것"(13, 48; 22, 10)이 공존한다. 그리고 "하느님 나라에서 누가 제일 높은가"(18, 1) 하면서 교회 안에서 지위 다툼을 하는 일이 없도록 경고한다.

실상 교회는 형제들의 모임인 까닭에 출세를 탐내는 야망이란 있을 수 없다(18, 15. 21. 35). 만일 그런 것이 있다면 단순한 신도들, 작은 신도들을 걸려 넘어지게 할 뿐이다(18, 5). 그러므로 교회 안에서는 어느 누구도 명예로운 자리(23, 6)를 탐내서는 안 된다. 왜냐하면 "여러분 가운데서 제일 큰 사람은 여러분을 섬기는 사람이 되어야 합니다"(23, 11)라고 하신 말씀대로 살아야 하기 때문이다.

이처럼 마태오는 교계제도를 출세방편으로 오해할세라 경고하지만, 그렇다고 해서 교계의 존재 자체나 그 필요성을 부정하지는 않는다. 마태오에 의하면 교계는 그리스도의 정신으로 충만할 때에만 뜻이 있는 법인데,

그리스도의 정신이란 사랑의 정신이요, 사랑의 정신은 원수까지 포용할 때에 극적으로 드러나는 것이다 (5, 44-45).

마태오복음 작가는 교회 안에서 베드로가 차지하는 위치를 누누이 강조한다. 마태오 16, 18-19에서는 베드로의 수위권을 언급하여 이렇게 말씀하신다. "당신은 베드로입니다. 나는 이 바위 위에 내 교회를 세울 터인데 지옥의 문도 그것을 내리누르지 못할 것입니다. 나는 당신에게 하늘 나라의 열쇠들을 주겠읍니다. 그러니 당신이 땅에서 매는 것은 하늘에서도 매여 있을 것이요, 당신이 땅에서 푸는 것은 하늘에서도 풀려 있을 것입니다."

그밖에도 예수님과 베드로의 자별한 관계는 예수께서 물 위를 걸으신 이적사화 (14, 28-31)와 물고기 아가리에서 성전 세금으로 바칠 돈을 끄집어낸 이적사화 (17, 24-27)에 분명히 드러난다.

마태오복음 작가는 다른 복음작가들보다 제자들을 더 아끼고 존중한다. 물론 마태오복음서에도 제자들이 예수님의 가르침을 이해하지 못했다는 말이 나오지만, 마태오는 마르코보다 그런 부정적인 면을 덜 강조한다. 마태오에 의하면 제자들은 신앙이 약한 사람들이기는 하지만 (8, 26; 14, 31; 16, 8), 또한 그들은 점점 신앙이 성숙해 가는 사람들로 묘사되고 있다.

마침내 제자들을 아주 높여 예언자들, 현자들, 새로운 법의 율사들이라고까지 한다 (13, 52; 23, 24). 그런가 하면 군중은 예수님이 지닌 권위와 권능을 보고 놀랄 뿐 아니라, 또한 제자들이 지닌 권위와 권능을 보고도 놀

란다 (9, 8).

교회는 하느님의 새로운 백성이요 새 이스라엘이니만큼 또한 새로운 법, 새로운 의를 지닌다. 마태오는 산상설교에 새로운 법을 집약해 놓았다.

마태오 28, 20을 보면, 부활하신 예수께서는 말씀하시기를 "내가 여러분에게 명한 것을 다 지키도록 민족들을 가르치시오. 보시오, 나는 세상 끝맺음까지 어느 날이나 다 여러분과 함께 있습니다"라고 하셨다. 이 말씀에는 종말이 오기 전에 역사가 오랜 동안 지속된다는 뜻이 함축적으로 들어 있다. 역사가 오랜 동안 지속되느니만큼 교회는 일정한 제도가 필요하고 또한 일정한 법이 필요한 것이다.

마태오복음 작가가 새로운 법을 분명히 부르짖었지만, 그렇다고 해서 이 복음서의 법적인 측면을 너무 강조해도 안 된다. 만일 그 점을 너무 강조한다면 교회는 유대교 율법주의와 별로 다를 바 없을 것이다. 여러 주석가들이 연구한 바에 의하면, 마태오는 서로 다른 두 가지 극단을 배척하였다. 곧 유대교 율법주의도 배척하고 이방인들의 무법주의도 배척했다. 실상 마태오복음 작가는 중도적인 입장을 취했던 것 같다. 한 가지 예로 18, 15-17의 말씀은 율법규정 같은 느낌을 준다 : "당신의 형제가 당신에게 죄를 짓거든 가서 오직 당신과 그 사이에서 그를 책망하시오. 만일 그가 당신의 말을 들으면 당신 형제를 벌은 것입니다. 그러나 듣지 않거든 당신과 함께 한 명이나 두 명을 더 데리고 가시오. 둘이나 세 증인의 입을 빌어 모든 일이 바로 서게 하려는 것입니다. 그가 그들의 말도 귀담아듣지 않거든 교회에 말하시오. 그리고 교회의 **말**도 귀담아듣지 않거든 당신도 그를 이방인이나 세관원처럼 여기시오." 그런가 하면 반대로 마태오 5, 21-48에서는 유대교 율법규정을 폐기하는 말씀을 여섯 차례나 하셨다.

결론적으로, 마태오복음 작가의 사상을 이렇게 정의할 수 있겠다 : 복음이 율법보다 앞서고, 율법의 방향을 제시하고, 율법의 내용을 규정하는 까닭에, 복음을 따라 사는 것이야말로 구약의 율법을 완성하는 것이다. 이렇게 볼 때 마태오의 견해는 표면상으로는 다를지 몰라도 내용상으로는 바울로의 견해와 동일하다 하겠다. 널리 알려진 바와같이 바울로는 오직 예수 그리스도의 복음을 따라 사는 삶을 주창하였다. 달리 표현하여 그리스도인의 삶이란 성령의 다양한 작용에 불과한 것이다 (갈라 5, 22-23).

마태오복음 작가는 예수께서 유대인들에게 하신 말씀을 자기 교회 신도들에게 적용한다. 예로, 예수께서 율사들과 바리사이들을 나무라신 말씀을 자기 교회 소속 신자들에게 적용했던 것이다. 그들은 말만 하고 실천하지 않는다 (23, 3). 그들은 또한 "가겠읍니다" 해 놓고 가지는 않는다 (21, 28-32). 유대인들을 단죄하면서 동시에 옳지 못한 그리스도인들을 단죄하기도 한다. 혼인 잔치의 비유가 대표적인 예가 되겠는데, 하느님의 초대를 거역한 유대인들이 벌을 받고 (22, 6-8), 그들 대신에 이방인들이 초대를 받는다 (22, 9-10). 그러나 예복을 입지 않고 잔치에 온 이방인들, 즉 신앙인답지 **못한** 이방계 그리스도인들도 저 유대인들처럼 처벌을 당하고 만다 (22, 11-14).

그러니까 하느님의 새로운 백성인 교회 역시 선한 이들과 악한 이들이 섞여져 있는 집단인 것이다. 종말에 이르러서야 인자가 재림하여 두 부류의 사람들을 깨끗이 가려낼 것이다. 그러니 선악이 혼합된 현재의 상태에 대해서 낙망해서는 안 된다(24, 24-30). 그런가 하면 현상에 대해 만족해서도 안 된다(13, 36-43).

마태오에는 여러 가지 비유가 나오는데, 그 내용은 대체로 이렇다 : 신앙인은 제각기 받은 탈렌트에 따라서 충성을 다하고 의무를 다해야 한다는 것이다. 우리 각자가 빠지기 쉬운 나태나 게으름을 경계하려는 의도가 여러 비유에 들어 있다.

7

루가복음서

루가는 복음서 머리말(1, 1-4)에서 말하기를, 몇몇 선인들이 예수님에 관한 구전을 모아 책을 엮었다고 한다. 또한 그는 그 기록들과 나머지 구전들을 검토하여 순서대로 자기 복음서를 집필했다고 한다(1, 3-4). 루가복음서를 검토해 보면 그가 이용한 문헌을 밝힐 수 있다.

첫째, 루가는 마르코복음서를 이용하였다. 마르코가 루가에 끼친 영향은 루가복음서의 4분의 1 이상이 마르코에서 따온 것이라는 사실을 보면 알 수 있다.

다음에, 루가복음서의 4분의 1이 채 못 되는 부분이 예수어록에서 옮겨쓴 것이다. 예수어록의 명확한 배열과 내용은 불확실하다. 그러나 마태오와 루가를 비교해 보면 어록의 내용을 재구성할 수 있다. 또한 루가는 어록의 배열을 존중한 까닭에 우리는 어록의 배열을 어느 정도 파악할 수 있다.

끝으로, 다른 복음서들에는 없고 오직 루가에만 있는 자료들이 상당한데, 이를 일컬어 〈루가 특수자료〉(약호 : SL)라고 한다. 일부 학자들은 루가가 특수자료 전부를 어느 한 문헌에서 베꼈다고 주장하나 복음서를 면밀히 연구해 보면 그렇지가 않다.

루가복음서의 구조 *

머리말 (1, 1-4)
전사 (前史) : 예수 유년기 (1, 5—2, 52)

1. **예수의 메시아적 활동** (3, 1—9, 50)
   가) 활동 준비 (3, 1—4, 13)
   나) 갈릴래아 활동기 (4, 14—9, 50)

2. **예수의 예루살렘 상경에서 승천까지** (9, 51—24, 53)
   가) 예루살렘 상경기 (9, 51—19, 44)
   나) 성전에서 가르치심 (19, 45—21, 38)
   다) 수난, 죽음, 부활, 승천 (22, 1—24, 53)

루가복음서의 몇 가지 주제

1. 보편주의 : 이방인들을 위한 복음 : 루가는 이방인 교회들을 위해서 복음을 쓴 것 같으며, 따라서 복음은 만민을 위한 것이라고 강조한다. 그러나 우리는 이 복음의 보편성에 대해서 올바로 알아들어야 한다.

그것은 이스라엘의 특수한 역할과는 아무런 상관도 없이 곧바로 모든 민족에게 복음을 선포한다는 뜻이 아니다. 올바른 뜻인즉, 이방인들이 구원의 한몫을 차지하는 것은 사실이지만 (2, 30-32; 3, 6) 그것은 이스라엘 백성에게 주어진 구원약속에 동참하는 것을 뜻한다 (14, 21-23).

사실 구원약속은 이스라엘 백성에게 실현되고 나서 이방인들에게 실현되는 것이다. 사도행전 첫장들을 보면 많은 유대인들이 예수님을 믿음으로써 구원약속이

* 상세한 구조분석은 〈부록 3〉을 보라 (127∼135쪽).

실현되었던 것이다.

그러므로 "먼저 이스라엘, 그 다음에 이방인들"이라는 공식은 적어도 루가복음서의 경우, 먼저 유대인들이 복음을 배척했고 그 다음에 이방인들이 복음을 받아들였다는 뜻이 아니다. 달리 표현하여, 이방인들이 하느님의 버림받은 백성 대신 구원을 받았다는 뜻이 아니다. 사실 사도행전을 보면, 루가는 많은 유대인들이 개종했다고 한다. 그러니까 루가에 의하면, 이스라엘 백성의 역사와 그리스도교회 사이의 역사간에는 연속성이 있는 것이다.

2. 구원자 : 동정과 자비의 복음 : 각 복음서는 제나름의 특성과 특질을 지니고 있다. 이런 특성들은 각 복음 작가가 주님의 인품을 소개하는 방법에 의해 크게 좌우된다.

루가는 예수님을 일컬어 구원자라고 한다. "오늘 여러분을 위해 구원자가 나셨습니다"(2, 11). 루가복음서의 다른 곳에서는 예수님을 〈구원자〉라고 하지 않는다. 그렇지만 할례 때 아기의 이름을 예수라고 했는데, 그 이름에는 구원자라는 뜻이 들어 있다. "아기에게 할례를 줄 여드레가 되어 그 이름을 예수라 하였다. 그가 태중에 잉태되기 전에 천사가 일러준 이름이다"(2, 21). 예수는 히브리어 복합명사로서, 풀이하면 야훼께서 구원하신다는 뜻이다.

이처럼 루가복음서에 비록 구원자 명칭은 흔하지 않지만, 루가는 복음서 전체를 통하여 동정이 많고 온유하고 크게 용서하시는 예수를 구원자로 부각시킨다. 그래서 "예루살렘에서 시작하여 모든 민족에게 그의 이름으로 죄사함을 위한 회개가 선포되어야 한다"(24, 47)고 기록한다.

루가복음서는 또한 자비의 복음서이다. 이러한 뜻에서 루가는 15장에다 잃은 것을 되찾고 기뻐하는 것에 관한 세 비유를 한자리에 모아 놓았다. 즉, 잃은 양을 되찾고 기뻐하는 목자의 비유(15, 3-7), 잃은 은전을 되찾고 기뻐하는 부인의 비유(15, 8-10), 그리고 잃은 아들을 되찾고 기뻐하는 아버지의 비유(15, 11-32). 이 모든 비유들에서 루가는 바리사이인들에게, 하느님께서 자비로우신 것처럼 그들도 자비로와야 한다고 한다.

루가복음서에서 "죄녀를 용서하시다"(7, 36-50)라는 인상적인 기록에서처럼, 루가가 그리스도를 보았듯이 우리도 그분을 보게 해 주는 구절은 없을 것 같다. 루가 혼자만이, 예수께서 십자가상에서 뉘우치는 죄수에게 하신 말씀인 "진실히 당신에게 이르거니와, 당신은 오늘 나와 함께 낙원에 있을 것입니다"(23, 43)와 처형자들을 위해 하신 기도인 "아버지, 저 사람들을 용서하소서. 사실 그들은 무슨 짓을 하는지 알지 못하옵니다"(23, 34)를 기록했다. 베드로가 예수님을 세 번 배반한 후에 예수께서 그를 눈여겨보신 이야기도 루가에만 들어 있다(22, 61). 복음서 도처에 언제나 용서에 대한 기록이 있다. 그것은 루가복음서가 위대한 용서의 복음서라는 것을 잘 말해주고 있다.

루가는 또한 예수님의 동정심과 자비심을 강조하는데, 그러기 위해서 그는 사람의 고뇌를 보다 상세히 묘사한 다음에, 예수께서 자비롭게 개입하시는 것을 보여준다. 예를 들면, 루가복음서에서 자녀를 잃게 되는 사람들은 거의 항상 외동딸이거나 외아들을 잃게 되는데, 마태오와 마르코 복음서에서는 그렇지 않다(예로 루가 8, 40-56과 마르 5, 21-43; 특히 루가 8, 41-42와 마르 5, 22-33을 비교해 보라). 또한 과부의 외아들 경우도 마찬가지이다.

루가복음서에서 여인에게 특별한 관심을 갖는 것은 루가의 대표적인 면인데, 이는 당시 사회에서 여인의 위치가 낮았기 때문이다. 루가의 이러한 고집은 그의 복음서를 마르코나 마태오 복음서와 비교해 볼 때 더욱 드러난다.

예수 유년기(1-2장)에서 엘리사벳과 특히 마리아의 역할을 생각해 보라. 루가의 특수자료에는 여인이 주인공인 단원들(7, 11-17; 15, 8-10)이 여러 개 들어 있고, 루가 혼자만이 갈릴래아에서 예수님을 따르던 여인들의 이름을 밝히고 있다(8, 2-3).

3. 성령의 복음 : 루가 1-2장에 나오는 사람들은 거의 모두가 성령에 의해 움직였다고 되어 있다. 즉, 세례자 요한은 태중에서부터 성령으로 가득 찼으며(1, 15. 18), 또한 그의 아버지 즈가리야(1, 67 이하)와 어머니 엘리사벳(1, 24 이하), 또한 시메온(2, 27 이하)과 안나 (2, 36)도 성령으로 가득 차 있었다. 이 모든 경우에 성령은 예언을 하는데, 루가복음서 전체에서 성령은 초자연적인 거룩한 힘으로 나타나고 있다.

이러한 면이 가장 뚜렷이 드러난 곳은 "성령이 당신에게 내려오실 것이니 곧 지극히 높으신 분의 힘이 감

싸 주실 것입니다”(1,35)라는 구절이다. 이 구절의 전 반부와 후반부는 병행문인데, 전반부의 “성령”과 후반 부의 “지극히 높으신 분의 힘”은 동격이다. 달리 말하 면, 여기 성령은 독자적인 존재[神格]가 아니라 하느님 의 성품[屬性]인 것이다.

메시아이신 예수께서는 성령을 지니신 분이심을 루 가는 누누이 강조한다. 세례를 받으신 다음 기도하시는 동안 성령이 예수님께 내려오셨고(3,21-22), 예수께서 는 “성령으로 가득 차서 … 영에 의해”(4,1) 광야로 인 도되셨으며, 그 후에 공생활을 시작하시기 위해서 “예 수께서 영의 능력을 지니시고 갈릴래아로 돌아가셨다” (4,14).

예수께서 공적으로 활약하시면서 처음으로 발설하신 말씀은 이사야 61,1-2를 인용한 것이다. “주님의 영이 내 게 내리셨으니, 주께서 내게 기름을 부으셨기 때문이로 다. 주께서 나를 보내셨으니, 가난한 이들에게 복음을 전하고…”(4,18). 예수님의 모든 공생활은 성령의 인도 하심으로 이루어졌다. 그러므로 예수님의 모든 말씀들 과 행적들은 예수께서 나자렛 회당에서 하신 그 표제연 설(4,16-30)에 비추어서 이해해야 한다.

루가복음서 앞부분에는 성령이라는 말이 퍽 자주 나 온다. 거기에 비해서 뒷장들에서는 성령이라는 말이 나 오는 경우가 드물지만, 그러나 의미있는 구절들이 많이 나온다. 예수께서는 “성령으로 말미암아 흥겨워하시며 말씀하셨다”(10,21). 예수께서는 성령을 “좋은 것”으 로, 각별히 뛰어난 선물(루가 11,13과 마태 7,11을 비

교하라)로 판단하셨다. 성신강림 때부터 계속 성령은
교회 선교활동의 인도자이며 원동력이었다. 전에 예수
메시아에게 내리신 그 성령이 예수부활 이후에는 교
회에게 주어졌던 것이다(사도 1,8; 2,4).

   4. 기도의 복음서 : 루가복음서는 다른 어느 복음서보
다도 기도를 강조한다. 예수께서는 기도의 대가로 등장
하신다. 마태오와 마르코 역시 기도하는 예수의 모습을
모르는 바 아니다. 그들에 의하면, 예수께서는 빵을 많
게 하신 다음에 기도하셨고(마르 6,46; 마태 14,23), 또
한 세 공관복음서에 의하면 예수께서는 게쎄마니에서
기도하셨다(마르 14,32-42; 마태 26,36-46; 루가 22,40
-46).
   루가는 예수께서 기도하신 사실을 그외의 다른 아홉
곳에서 강조한다. 예수께서는 세례 때에 기도하셨으며
(3,21), 외딴 곳으로 물러가 기도하셨고(5,16), 제자들
을 뽑으시기 전에 산으로 떠나가 밤을 새우며 하느님께
기도하셨다(6,12). 그리고 예수께서는 베드로가 당신께
서 메시아이심을 고백하기 전에 기도하셨으며(9,18), 영
광스런 변모 때 기도하셨고(9,28), 또한 제자들이 예수
께 기도하는 법을 가르쳐 주십사고 부탁할 마음이 들게
된 것도 그들이 예수께서 기도하시는 모습을 보았을 때
였다(11,1). 예수께서는 베드로에게 그를 위해서 특별
히 기도하셨다고 말씀하셨으며(22,32), 십자가에서 당
신을 십자가에 못박게 한 자들을 위해서 기도하셨고
(23,34), 숨을 거두시기 직전에도 마지막으로 기도하셨
다(23,46).

예수께서는 또한 제자들에게 기도를 하라고 권하셨다. 귀찮게 구는 친구의 청을 들어주는 비유(11, 5-13)와 불의한 재판관에게 하소연하는 과부의 비유(18, 1-8)에서는 항구한 기도를 당부하셨고, 그리고 바리사이와 세관원의 예화(18, 9-14)에서는 하느님에게 의로움을 구하는 기도를 당부하셨다. 제자들은 성령을 받기 위해서 기도해야 한다고도 하셨다(11, 13). 한마디로 언제나 기도해야 한다고 하셨다(21, 36). 사도행전에서도 기도를 권장하는 단원이 많다.

5. 기쁨과 평화의 복음서 : 구원자가 오시자 기쁨의 분위기가 감돌게 되었으며, 루가는 이 점을 예리하게 파악하고 있었다(1, 14; 2, 10). 루가복음서에는 기쁨에 관한 20개의 자료와 기쁨의 주제를 바탕으로 하고 있는 10개의 단원들이 상경기에 들어 있다.

기쁨에는 평화가 따르게 마련이다. 평화라는 말은 평화의 왕이 탄생하심을 기리는 천사들의 노래에 나온다(2, 14). 제자들은 평화를 전하라고 파견되었다(10, 5-6). 제자들은 평화의 왕께서 거룩한 도시 예루살렘에 영광스럽게 입성하실 때 천사들이 했던 그 노래를 되풀이한다(19, 38). 하지만 예루살렘은 예수님의 평화의 메시지를 받아들이지 않았다(19, 42). 그 평화의 메시지는 부활하신 그리스도께서 제자들에게 주신 것(24, 36)과 똑같은 평화의 선물이다. 예수 부활 이후에 제자들은 그 평화를 온 세상에 전파한 것이다(사도 7, 26; 9, 31; 15, 33). 그러나 또한 평화와 기쁨은 기도의 열매이며, 곧 구원자이신 예수 그리스도와 인격적으로 일치할 때에 생기는 열매라 한다.

6. 주님의 길 : 루가는 구원사의 연속성을 하나의 여정 또는 길로서 묘사한다. 그가 구원사의 한단계 한단계를 서술할 때에, 하느님이 예정하신 〈시간〉이라는 낱말과 하느님으로부터 파견된 이들이 걸어간 〈길〉이라는 낱말을 즐겨 사용한다. 예를 들면 공적인 활약상을 〈길〉이라고 묘사했던 것이다. "오늘도 내일도 그 다음 날도 나는 〈길〉을 가야만 합니다"(13, 33). 또한 "인자는 정해져 있는 대로 〈길〉을 갑니다"(22, 22). 예수님의 모습이 영광스럽게 변하신 때에 모세와 엘리야가 그분과 더불어 길에 대해서 이야기를 나누었다. 즉, "그들은 그분의 길 떠나심에 관해서 이야기하였다"(9, 31).

그런가 하면 초대교회의 예수운동을 일컬어 〈길〉이라고 하였다(사도 9, 2; 19, 9. 23; 22, 4; 24, 14. 22). 사도직도 길이라고 하였다(사도 1, 21). 바울로는 밀레도에서 소아시아 신자들과 작별하면서 코스를 달리는 경주를 완성했다고 한다. "그렇지만 나는 내 목숨이 값지다는 말은 한마디도 하지 않고, 주 예수에게서 받은 경주와 봉사를 완수하였읍니다"(사도 20, 24). 이는 사도직 사명을 완수했다는 뜻이다.

주님의 길은 곧 예수께서 백성의 지도자로서 걸으셨던 그 길을 뜻한다. 루가의 신학적 이해에 따르면, 그 길은 곧 하느님의 목적을 실현한 것이다. 예수님의 길이란 그분에게 부과된 사명이다. 인자는 과연 지정된 길로 걸어가신다(루가 22, 22). 예수님 또는 사도들에게 길을 인도하시는 분은 성령이시다(루가 4, 1. 14; 사도

16, 6-10).

7. 가난한 이들의 복음서 : 루가복음서를 현대용어로 말한다면 〈사회적〉 복음서라고 표현할 수도 있겠다. 예수 친히 가난한 부모에게서 태어나셨다. 사실 그의 어머니는 정결례 때에 산비둘기 한 쌍이나 집비둘기 새끼 두 마리(루가 2, 24; 레위 12, 6 참조)를 제물로 바쳤던 것이다. 세례 요한의 설교까지도 사회적 복음서의 성격을 띠고 있다. 세례 요한은 나눔의 중요성을 강조하며, 세관원들과 군인들에게 그들의 사회적 의무를 지적했던 것이다(루가 3, 10-14).

그러나 진복팔단이 루가의 사회적 측면을 가장 뚜렷하게 보여주고 있다. 여기서, 루가와 마태오간의 차이점들은 그 암시하는 바가 크다. 마태오는 "복되어라, 영으로 가난한 이들"(마태 5, 3)이라고 하는 데 비해, 루가는 단순히 "복되어라, 가난한 이들"(루가 6, 21)이라고 말한다. 마태오는 "복되어라, 의에 굶주리고 목마른 이들"(마태 5, 6)이라고 하는 데 비해, 루가는 "복되어라, 지금 굶주린 사람들"이라고만 말한다(루가 6, 21).

마태오의 경우, "영으로 가난한 이들"은 겸손한 이들을 뜻하고, 의에 굶주리는 이들은 예수님의 윤리적 요구를 실천하는 이들이다. 그러니까 여기의 가난과 배고픔은 물질적인 가난이나 생리적인 배고픔과는 아무런 상관이 없는 낱말들인 것이다. 그와는 반대로, 루가는 글자 그대로 가난한 사람들과 배고픈 사람들을 행복하다고 한다. 그렇지만 가난한 이들이 행복하다는 말은 올바로 알아들어야 한다. 가난 그 자체가 가치있기 때

문에 행복하다는 뜻도 아니요, 가난한 이들이 부자들보
다 윤리적으로나 종교적으로 꼭 낫기 때문에 행복하다
는 것도 아니다. 이 구절의 참뜻인즉, 하느님께서는 이
상적인 임금인 까닭에 가난한 이들과 버림받은 이들을
각별히 돌보신다는 뜻이다.

루가는 부와 권력의 위험에 대하여 많은 경고를 했다.
그는 이 점에 대해서는 다른 복음작가들보다 더욱 단호
하게 말한다. 재산의 소유 그 자체를 비난하는 것이 아
니라, 오히려 이기심과 지배와 억압에 대한 경향을 엄
중하게 책망하는 것이다.

예수께서 광야에서 유혹을 받으신 이야기에서, 루가는
지상의 왕국의 권력과 부에 대한 매력을 강조하면서, 그
권력과 부는 곧 마귀에게 속한 것이라고 한다 (4, 6-7).

그와는 반대로 예수님의 사명은 가난한 사람들에게
기쁜 소식을 전하고 억압받는 사람들을 자유롭게 하는
것이다 (4, 18). 예수님을 따르는 사람들은 모든 것을 버
릴 각오를 해야만 한다 (5, 11. 28). 루가는 마치 하느님
이나 동료들이 존재하지도 않는 듯이 여기는 부자를 가
리켜 "어리석은 자"(12, 20)라고 부른다.

예수께서는 초대에 응답하는 사람들은 가난한 사람
들이지 지나치게 자기 재산에 얽매여 있는 부자들이 아
님을 보여주신다 (14, 15-24). "여러분 가운데 누구든지
자기 소유를 모두 버리지 않는 사람은 내 제자가 될 수
없읍니다"(14, 33). 이 가르침은 부자와 라자로의 예화
(16, 19-31)와 부자가 추종을 거부한 이야기 (18, 18-30),
그리고 예수께서 자캐오의 집에 머무르신 이야기 (19,
1-10)와 일맥 상통한다.

루가가 역사적인 차원에서 프롤레타리아 혁명을 제창
하지는 않지만, 장차 하느님께서 결정적으로 역사에 개
입하시면 권세있는 자들은 물러나고 가난한 이들과 억
눌린 이들은 해방될 것이라 한다.

예수께서 가난한 이들에게 복음을 전하고 억눌린 이
들을 해방하겠노라고 하시자 고향사람들이 그분을 죽이
려고 하였다 한다(4, 29). 그렇지만 예수께서는 기적적
으로 그들의 흉계를 벗어났다고 한다(4, 30).

루가는 심지어 예수께서 무장을 한 사람들(22, 35-38)
과 더불어 또한 그들을 위해서 죽으셨으며, 그분은 〈무
법자〉 중의 하나로 몰렸다(22, 37)고까지 말하고 있다. 사
람들은 그들을 혐오하며 〈흉악범〉이라고 불렀으나, 예
수께서는 그러한 두 흉악범과 함께, 그들 사이에서 십
자가에 처형되셨다. 예수께서 회개하는 죄수를 향하여
"진실히 당신에게 이르거니와 당신은 나와 함께 낙원
에 있을 것입니다"(23, 43) 하신 말씀은, 그분이야말로
비천한 이들을 위해서(이사 53, 11; 지혜 2, 1-20) 죽고
사시는 의인(루가 23, 47)이라는 뜻이다.

그리스도인의 삶이란 곧 예수님과 더불어 죽고 사는
것을 뜻하며, 그들의 삶은 가난한 사람들의 해방을 위
한 지속적인 과업에 기여해야 된다(루가 4, 18). 그리스
도는 당신 안에서 거듭 태어난 추종자들 안에서 지금
이 세상을 여행하고 계시다. 그리스도를 따르는 사람들
은 그리스도께서 그러셨듯이 항상 가난한 사람들과 억
눌린 사람들 편에 서야 한다. 그들은 중립적 입장을 취
할 수가 없다. 왜냐하면 중립적 입장을 취하는 것은 묵
계적으로 권력자 편에 서는 것이며 따라서 힘없는 이

들을 거스르기 십상이기 때문이다.

이 말은 그리스도인들은 열렬한 혁명가들이 되어야 한다는 뜻이 아니다. 사실, 루가의 그리스도는 어떤 다른 복음서에서보다 〈평화주의자〉이시다. 그렇다고 해서 그리스도인들이 자유를 위해 투신하는 투사들을 단죄해서는 안 된다. 경우에 따라서 무기를 드는 투사들조차 단죄해서도 안 된다. 그리스도께서 소위 죄수들과 더불어 또한 그들을 위해서 죽으셨다는 것을 안다면, 그리스도인은 해방의 하느님께서는 그와같은 격렬한 무력투쟁과 같은 불쾌한 사건들까지도 세상을 위한 당신의 목적을 성취시키시는 데에 또한 사용하신다는 것을 알아야 한다. 그분이 세상에 세우신 목적인즉 당신 자녀들의 자유이니, 곧 서로가 서로를 위해서 나날을 살아가는 자유인 것이다.

루가복음서와 사도행전의 연관성

루가복음서를 바르게 이해하려면, 우선 이 복음서는 사실은 전·후편으로 된 작품의 전편임을 알아야 한다. 루가는 신약성서 책들 중 가장 두꺼운 책 두 권을 썼는데, 이 책들이 곧 루가복음서와 사도행전이다. 이 두 책은 아무런 연관성이 없는 동떨어진 작품들이 아니다. 문체와 서문과 주제들을 살펴보면 밀접히 연관된 작품들이다.

첫째권은 갈릴래아에서부터 시작하여 예루살렘에 이르기까지 어떻게 복음을 전파할 것인지 소개하고, 둘째권에서는 그분의 사도들이 예루살렘에서 시작하여 로마에 이르기까지 어떻게 복음을 전파했는지를 이야기한다.

　　그러니 루가의 사상을 이해하기 위해서는 반드시 사
도행전도 함께 고려해야 한다. 그래야만 세례자 요한이
출생한 때부터 바울로가 이방인 세계의 수도인 로마에
서 복음을 전할 때까지 이룩된 하느님의 구원경륜을 루
가가 서술하고자 한 사실이 드러난다.

요한복음서

지금까지 앞에서 공관복음서를 다루면서 요한복음서는 포함시키지 않았었다. 그 이유는 요한복음서는 성격이 판이하기 때문이다. 성서에 대한 예비지식이 없는 독자라도 요한복음서와 공관복음서들 사이에는 뚜렷한 차이가 있음을 알아볼 수 있다. 세 공관복음서와 요한복음서 간에는 차이점뿐 아니라 공통점도 있다.

공통점과 차이점

요한복음서와 공관복음서들 간에는 공통점들이 많이 있다. 그러기 때문에 공관복음서들과 요한복음서를 조화시키려는 노력을 계속해 왔는데, 실은 두 부류의 복음서들을 조화시킬 수는 없다. 그것은 요한복음서와 공관복음서들은 그 성격이 판이하기 때문이다.

요한복음서와 공관복음서간의 차이점은 엄청나다. 예를 들면 요한복음서의 경우 예수께서는 자주 예루살렘으로 올라가시고는 하신다. 이와는 달리, 공관복음서를 보면 예수께서는 단 한 번 생의 마지막 날에 예루살렘으로 상경하셨다. 그런가 하면, 공관복음서에 수록된 이야기나 말씀이 요한복음서에는 없는 경우가 많다. 예를 들면 예수님의 최후만찬기 같은 것이다.

반대로, 요한복음서의 이야기가 공관복음서에는 수록되지 않은 경우도 흔하다. 예를 들면, 가나 혼인잔치에서 물을 술로 바꾸신 기적 이야기(2,1-11), 예수님과 니고데모의 대담(3,1-21), 그리고 예수님과 사마리아 여자의 대담(4,1-42), 죽은 라자로를 되살리신 기적 이야기(11,1-44) 같은 것들이다. 사실 공관복음서에 수록된 예수님의 말씀이나 이야기 대부분이 요한복음서에는 없다. 또한 요한복음서에 수록된 예수님의 말씀이나 이야기도 대부분 공관복음서들에는 없다.

공관복음서 필자들이 이용한 사료들과 요한복음서를 비교하면 다음과 같다 : 마르코복음서, 특히 마르코의 이야기 부분의 병행문이 요한복음서에 있는 경우가 더러 있다. 예수어록에 수록된 말씀의 병행문은 요한복음서에 거의 나타나지 않는다. 마태오의 특수사료도 요한복음서에 거의 나타나지 않는다. 루가의 특수사료는 요한복음서에 양적으로는 조금 나타나지만, 이 경우에 놀라울이만큼 서로 일치하는 사례가 많다. 예를 들면, 세례자가 자신은 그리스도가 아니라고 한 것이다.

요한복음서와 공관복음서 간의 관계를 두고 신약학계에서는 여러 가지 설을 내세웠다. 과거 한때에는 요한복음 필자가 공관복음서들을 배척하려고 요한복음서를 집필했다는 설까지 내세운 적이 있다.

이런 설을 내세우는 이들은 요한복음 필자가 공관복음서들을 입수해서 검토했다는 것을 전제한다. 그러나 지난 40년간의 연구결과를 보면, 요한복음 작가는 공관복음서를 참고하지 않았다는 것이 통설이다. 요한

복음 작가는 **기록된 공관복음서를 참고한 것이 아니라** 공관복음서에 수용된 예수 구전과 유사한 구전들을 참고했을 뿐이다.

이 관계를 도식으로 표시하면 다음과 같다 :

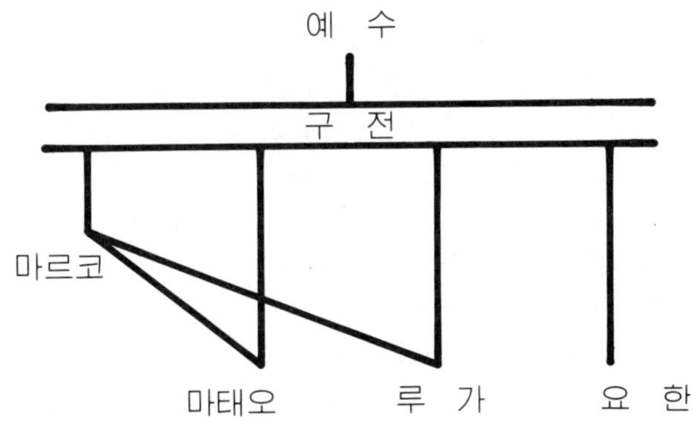

사람들은 흔히 공관복음서를 일컬어 역사적인 복음서라고 하고, 요한복음서를 일컬어 〈영적인 복음서〉라고 한다. 이것은 아주 틀린 말도 아니지만 아주 옳은 말도 아니다. 네 복음서를 면밀히 연구해 보면, 각 복음서에는 역사와 신학이 다 들어 있기 때문이다. 네 복음서 하나하나는 제각기 일정한 신학 관점으로 해석한 역사이기 때문이다.

요한복음서의 구조*

서언 (1, 1-51)

* 상세한 구조분석은 〈부록 4〉를 보라 (136~139쪽).

요한복음서의 몇 가지 주제

〈생명〉과 〈빛〉은 요한복음서의 두드러진 두 주제이다. 이 두 주제는 밀접하게 연결된 까닭에 그 한 가지가 어느 텍스트에 나오면 다른 하나도 가까운 문맥에 나온다. 이제 처음에 나오는 이 두 주제들을 간단히 살펴보자.

1. 생명 : 〈생명〉은 확실히 요한복음서에서 퍽 좋아하는 신학적 주제이다. 요한복음서는 생명으로 시작하고 생명으로 끝난다. 복음서 맨 첫 부분에서 예수님 안에 생명이 있다(1, 4)고 한다. 그리고 복음서 맨 끝 부분에서 요한은 자기가 복음서를 쓴 목적은 사람들이 "예수는 그리스도이시며 하느님의 아들이심을 믿고, 또 그렇게 믿어서 그분의 이름 안에서 생명을 얻게 하려는 것이다"(20, 31)라고 한다. 예수께서는 당신은 사람들이 "생명을 얻고 더 얻어 풍성하게 하려고"(10, 10) 당신이 오셨다고 주장하신다. 또한 당신은 "길이요 진리요 생명이다"(14, 6)라고 주장하신다. 요한복음서에서 〈생명〉이라는 말은 35번 이상 나오고, 〈산다〉 또는 〈생명을 지닌다〉는 동사는 15번 이상 나온다.

요한복음서는 〈영생〉이라는 말을 거듭거듭 사용한다. 영생이라고 할 적에 그 역점은 생명이 끝없이 **지속**된다는 것에 있는 것이 아니라, 이승의 생명과는 **질적**으로 다르다는 데에 있다. 쉽게 말해서, 영생이란 신적인 생명이다. 그러니까 예수께서 사람들에게 영생을 주시고자 하신 것은 그들로 하여금 하느님의 생명에 동참하도록 하려는 것이다.

2. 빛 : 요한의 두번째 주제는 〈빛〉이란 말이다. 이 말은 요한복음서에서 21번이나 나온다. 예수께서는 "사람들을 비추는 빛"(1,4)이시다. 세례 요한은 "그 빛을 증언하러"(1,7) 왔다. 예수께서는 두 번에 걸쳐 "나는 세상의 빛입니다"(8,12; 9,5)라고 하신다. 그런가 하면 "나는 빛으로서 세상에 왔읍니다"(12,46)라고도 하신다. 예수께서는 "어둠 속에서 비치고 있는 빛"(1,5)이시다. 그분은 계시하시는 빛이시기에 누구든지 그분을 배척하면 심판을 받게 된다(3,19-20). 그분은 또한 인도하는 빛이시니, 그 빛이 없으면 사람들은 어둠 속을 거닐게 된다(12,35). 또한 예수께서는 제자들에게 "그러니 빛이 있는 동안에 빛을 믿고 빛의 자녀가 되십시오"(12,36)라고 간곡히 부탁하신다.

3. 어둠 : 〈어둠〉이란 단어는 요한복음서에 9번 나온다. 사람들이 빛 속을 거닐 수 있게 되었다는 말은 곧 사람들이 어둠 속에서 거닐기를 선택할 수도 있다는 것을 암시한다. 즉, 사람들은 말씀을 통해서 생겨난 그 법(1,3)에 순종하지 않고서 자기들 스스로가 만든 법을 따르며 어둠 속을 걸을 수도 있는 것이다. 〈생명〉이란 말이 마땅히 〈빛〉을 뜻해야 하건만, 그들은 이것을 알아듣지 못했다. 요한에 의하면, 세상에는 빛이 있듯이 어두움도 존재한다.

어둠은 빛에 대해서 적의를 품는다. "그 빛이 어둠 속에서 비치고 있다". 그러나 아무리 어둠이 애를 써도 빛을 이길 수가 없었다(1,5). 그 어두움은 선을 미워하는 모든 사람들을 뜻한다. 그들은 "자기들의 행실이 악하기 때문에 빛보다 어둠을 더 사랑했다"(3, 19).

요한복음서에서는 어둠은 또한 무지를 뜻하는데 특히 그리스도의 빛을 거부하는 고의적 무지를 뜻하는 듯한 구절들이 있다. 어둠은 예수께서 죽음을 맞이하신 그 순간에 제일 짙게 깔리었다. 그 문맥에서 요한은 "때는 밤이었다"(13, 30)라고 말한다. 바로 그 앞장에서 요한은 말한다. "빛이 있는 동안에 걸어가시오. 그리하면 어둠이 여러분을 덮치지 못할 것입니다. 어둠 속을 걸어가는 사람은 자기가 어디로 가는지 모릅니다"(12, 35).

4. 진리 : 〈진리〉(*aletheia*)라는 명사와 〈참되다〉(*alethes* 또는 *alethinos*)라는 형용사는 요한이 즐겨 쓰는 낱말들이다. 요한복음서에 〈진리〉라는 낱말은 25번 나오며(세 공관복음서에는 단지 7번 나온다), 〈참되다〉라는 형용사는 23번 나온다(세 공관복음서에는 단지 3번 나올 뿐이다).

사람들은 흔히 진리를 단순히 거짓의 반대로 알아듣는데, 요한도 그 말을 거의 그와같은 뜻으로 사용하는 수가 있다(예: 요한 8, 45). 그러나 이 낱말은 훨씬 더 넓은 뜻을 지니고 있다. 〈생명〉과 〈빛〉처럼 진리는 예수님과 밀접한 관계가 있다. 그분은 "나는 진리입니다"(14, 6)라고까지 말씀하셨던 것이다.

요한은 예수님을 일컬어 "은총과 진리가 넘치는 분"(1, 14)이라고 하는데, 이는 진리와 하느님과 은총이 상통하는 것을 뜻한다. 그러니까 진리는 단순히 그 무엇을 아는 것이 아니라 오직 하느님과의 연관성을 내포한다. 그러므로 인간은 진리를 아는 것으로 충분하지 않고 진리를 행해야 한다고 하는 것이다 (3, 21).

　5. 영광 : 〈영광〉(doxa)이란 낱말은 그리이스 사상계에서 광휘 또는 명성을 뜻한다. 요한복음 작가는 이런 뜻으로 영광이란 낱말을 사용하지 않았다. 오히려 그는 히브리어 「카보드」(Kabod)란 뜻으로 영광이란 낱말을 사용했는데, 이 경우 하느님의 영광은 이스라엘 백성을 사랑과 성실로 대하시는 하느님 자신을 뜻한다. 좀더 정확히 말해서, 이스라엘 백성이 하느님과의 계약을 저버린 경우에도 하느님께서는 그 계약의 약속을 사랑과 성실로 지키셨는데, 바로 이런 하느님의 현현을 일컬어 하느님의 영광이라고 했던 것이다. 그러니까 이스라엘 백성은 하느님이 당신의 모습을 드러내실 때, 그분의 영광을 바라보았던 것이다 (출애 19; 시편 105 참조).
　예수님의 일생은 하나의 영광의 현시였다. 가나에서 표징을 보여주셨을 때 예수께서는 "당신의 영광을 드러내 보이셨다"(요한 2, 11). 그분께서 드러내신 그 영광은 바로 하느님의 영광이다. 그 영광은 사람들에게서 받은 것이 아니다 (5, 41). 그분은 그분 자신의 영광을 구하는 것이 아니라 그분을 보내신 분의 영광을 구하신다 (7, 18). 그분을 영광스럽게 하시는 분은 아버지이시다 (8, 50. 54). 그러면서도 그 영광은 독보적으로 그분 자신의 것이다. 그분은 세상이 있기 전에 자기가 누리셨던 그 영광으로 자기를 영광스럽게 해 주시기를 하느님께 기도하신다 (17, 5). 예수께서는 하느님께서 자기에게 주신 그 영광을 제자들에게도 주신다 (17, 22).

그것은 마치 예수님은 하느님의 영광을 나누어 누리고 제자들은 예수님의 영광을 나누어 누리는 것과 같다. 그러니까 예수님의 오심은 결국 하느님의 영광이 오시는 것을 뜻하는 것이다.

6. 시간 : 요한은 예수님의 〈시간〉에 대해서 26번 언급한다. 시간은 예수님의 생애에 있어서 특정한 때를 뜻하는데, 요한 13,1에 그 때가 환히 드러난다. "해방절 전날 예수께서는 이 세상에서 아버지께로 옮겨가야 할 당신의 시간이 온 것을 아셨다." 여기 "아버지께로 옮겨가야 할 당신의 시간"은 고난·죽음·부활·영광·성령내림의 때를 뜻한다.

예수께서는 예루살렘에 입성하신 다음에야 비로소 〈시간〉이 왔다고 하신다. 이 순간에 산헤드린은 이미 예수님을 죽이기로 결정했었다. 그 순간까지는, 요한은 항상 "그의 시간이 아직 오지 않았다"(2,4; 7,30; 8,20)고 말한다.

그리고 예수님의 그 〈시간〉은 당신께서 영광을 받으시는 〈순간〉이다. 즉, 그 시간은 하느님께서 정하신 순간에 예수께서 하느님의 영광을 드러내 보이시는 〈시간〉으로서 모든 주도권은 아버지에게 달려 있다. 그래서 그분은 "아버지, 시간이 왔읍니다. 당신 아들의 영광을 드러내 주십시오"(17,1)라고 하셨던 것이다.

요한복음서 필자는 2,4에서 "나의 시간이 아직 오지 않았읍니다"라고 한다. 이는 복음서를 통틀어 신학적인 의미로 시간이라는 낱말을 사용한 첫번째 사례인데, 여기서도 〈시간〉은 예수의 마지막 시기를 뜻한다.

7. 증언과 증거 : 요한복음 작가는 〈증언〉 또는 〈증거〉 (*martyria*)라는 명사와 〈증언하다〉 또는 〈증거하다〉(*martyrein*)라는 동사를 애용한다. 명사는 14번, 동사는 무려 33번이나 사용되었다. 여러 종류의 증언 가운데서 예수께 대한 증언들이 돋보인다.

요한복음서는 예수 그리스도의 최상의 위치에 대해서 8번이나 거듭 증언한다.

우선, 성부께서 예수님에 관해 증언하신다 : "그리고 나를 보내신 아버지께서도 친히 나를 위하여 증언해 주셨습니다"(5, 37). "또 나를 보내신 아버지께서도 증언해 주십니다"(8, 18).

둘째, 예수님 자신이 자기 자신에 관해 증언하신다 : "내가 바로 내 자신을 증언합니다"(8, 18). "내가 비록 내 자신을 증언한다 해도 내 증언은 참됩니다"(8, 14).

세째, 예수님의 행적이 그분에 관해 증언한다 : "내가 하고 있는 그 일들이 내게 대하여, 아버지께서 나를 파견하셨다는 것을 증언하고 있읍니다"(5, 36). "내가 내 아버지의 이름으로 행하는 그 일들이 나에 관해 증언합니다"(10, 25).

네째, 성서가 예수님에 관해 증언한다 : "여러분은 성서를 파고들거니와 … 그 성서는 바로 나를 증거하고 있읍니다"(5, 39). "여러분이 모세를 믿는다면 나를 믿을 것입니다. 모세가 기록한 것은 바로 나에게 관한 것이기 때문입니다"(5, 46).

다섯째, 세례 요한이 예수님을 증언한다 : "그는 증언하러 왔으니 빛에 대해 증언했읍니다"(1, 7-8).

여섯째, 예수님과 만났던 사람들인 사마리아 여인(4,

39), 태생 소경 (9, 25. 38) 등이 예수님을 증언한다.

일곱째, 제자들이 특히 복음서를 기록한 필자가 예수님에 관해서 증언한다 : "여러분도 처음부터 나와 함께 있었기 때문에 나의 증인이 될 것입니다"(15, 27). "본 사람이 증언한 것이니 그의 증언은 참되다"(19, 35).

마지막으로 여덟번째, 성령께서 예수님을 증언하신다 : "그러나 진리의 성령이 오시면 … 그분이 나를 증언할 것입니다"(15, 26).

8. 말씀 : 〈말씀〉(로고스)은 그리이스 문화계에서 여러 가지 뜻을 지닌 낱말인데, 두 가지 기본적인 뜻만 소개하자면, 내적인 사유와 외적인 표현을 가리킨다. 이 낱말은 70인역에도 자주 나온다.

두 가지 중요한 용법만 지적하자면, 첫째, 하느님의 말씀은 **창조적**이다 (창세 1, 3. 6. 9 등). 시편 33, 6에서는 말씀의 창조적인 기능을 가리켜 "주님의 말씀으로 하늘이 창조되었다"고 한다. 둘째, 하느님의 말씀은 **예언자들의 전갈**을 뜻한다. 곧, 하느님께서는 예언자들의 입을 빌어 당신의 뜻을 이스라엘 백성에게 전했던 것이다. 그러기에 예레미야 예언자는 자신의 소명사화에서 "이제 주님의 말씀이 내게 내리셨다"고 했던 것이다 (예레 1, 4).

신약성서에서, 하느님의 〈말씀〉은 구원의 전갈을 뜻한다 (루가 8, 11; 1요한 1, 1). 그 전갈은 예수께서 (루가 5, 1; 마르 2, 2) 그리고 바울로와 (사도 13, 5) 다른 사도들이 (사도 6, 2) 전했던 것이다.

그러나 바울로가 선포한 복음의 내용은 곧 그리스도

자신이었으며(1고린 1, 23; 갈라 3, 1), 다른 사도들 역시 그리스도를 선포했던 것이다(사도 2, 36; 4, 12). 공관복음서에 의하면 예수께서는 자기 자신을 선포하시지 않고 하느님 나라 곧 하느님을 선포하셨다. 이와는 대조적으로 요한복음서의 예수께서는 곧잘 자기 자신을 소개하거나 선전한다. 요한복음서의 이런 사상은 공관복음서를 제외한 나머지 신약성서의 사상과 대체로 일치한다.

9. 세상 : 요한복음서에서 말하는 〈세상〉은 이해하기 쉬운 개념은 아니다. 요한복음서에는 이 낱말이 78번 나오는데, 그 용법을 간략히 소개하면 다음과 같다.

요한복음서에서 〈세상〉이란 하느님이 아닌 모든 것을 뜻한다. 이 낱말은 모든 창조물을 뜻하는데, 특히 인류를 뜻한다. 창조된 세상은 일시적이며 잠정적이다 (1, 3. 10). 따라서 세상은, 하느님의 영원성과는 달리 덧없이 지나가는 역사를 가리키는 수도 있다(8, 23; 11, 9; 12, 25; 13, 1). 그런가 하면 세상은 단순히 하느님의 땅이요 인간역사의 장소이기도 하다.

예수께서는 바로 이런 세상으로 파견되셨다(3, 17; 10, 36; 17, 38). 그분이 이 세상으로 오신 것이다(1, 9; 3, 19; 11, 27). 그리고 사명을 마치신 다음 이 세상을 떠나실 것이다(13, 1; 16, 28). 좁은 뜻으로, 세상은 인간의 세상 곧 인류를 뜻한다(7, 4; 8, 26; 12, 19; 18, 20). 하느님께서는 바로 이 세상을 사랑하시고(3, 16), 예수께서는 이런 세상의 죄를 치워 주셨다(1, 29). 그런 의미에서, 예수께서는 세상의 구원자요(5, 42), 세상의 빛이시며(8, 12; 9, 5), 세상에 생명을 주시는 분이시다(6, 33. 51).

그러나 인간 세상은 하느님으로부터 멀리 떠나 있으며, 사실 그분과 사이가 나쁘다. 하느님께서 당신이 만드신 인류에게 당신 아드님을 보내셨을 때 세상은 그분을 받아들이지 않았다. "말씀이 세상에 계셨고 세상이 이 말씀을 통하여 생겨났는데도 세상은 그분을 알아보지 못하였다"(1, 10). 세상은 하느님마저도 몰라보았다(17, 25). 그러므로 〈세상〉은 하느님을 거역하는 집단인 것이다. 그러므로 세상은 하느님을 계시하시는 예수님을 미워하는 것이다.

예수님을 보내시어 구하게 하신 그 세상이 하느님의 사랑을 근본적으로 받아들이지 않았기 때문에 복음은 세상을 심판한다(3, 17-21; 12, 47-48). 예수께서는 마지막 기도에서 세상을 위해서 기도하시지 않았을 뿐더러(17, 9), 부활 후에도 세상에는 당신 자신을 나타내 보이시지 않았다(14, 19. 22). 세상은 하느님의 사랑을 거역하기 때문에 성령을 받지 못한다(14, 17). 협조자이신 성령께서는 예수님을 믿는 이들에게 오신다. 이와는 반대로 세상을 심판하고 단죄할 것이다. 또한 세상의 잘못을 밝히실 것이다(16, 8-9).

결론적으로, 일부 텍스트에서는 세상이 하느님의 피조물이요 하느님의 사랑의 대상이지만, 다른 텍스트에서는 하느님과 예수님을 적대시하는 실체로 등장한다. 이 경우, 세상은 어둠과 거의 같은 낱말이다.

부 록

마르코복음서의 계획과 구조

머리말(1, 1-13)

갑자기 막이 오르며 사건의 윤곽을 보여주는데, 그 윤곽은 대략 다음과 같은 것들이다 : 세례 요한의 활약 묘사, 예수의 세례, 예수의 유혹을 다룬다. 복음서의 독자들은 복음이 시작된 유래를 배우게 된다. 좀더 구체적으로 말해서, 옛 구원사가 끝나고 새 구원사가 시작되는 것을, 새 구원사의 주동인물인 예수께서는 하느님에게 신임을 받는 분이심을, 그리고 예수께서 사탄의 유혹을 물리치는 극적인 장면을 배우게 된다.

1. 메시아의 신비(1, 14—8, 26)

세 부분으로 되어 있으며, 각각 예수님의 활동과 제자들의 활동 보고에 대한 요약으로 시작하고, 예수께 대한 다른 사람들의 태도에 관해서 언급하며 끝맺는다.

가) 예수와 군중(1, 14—3, 6)

① 머리말 : 하느님 나라에 관한 가르침에 대한 요약(1, 14-15)과 첫번째로 제자들을 부르신 이야기(1, 16-20).

② 공생활중 가파르나움에서의 하루(1, 21-38), 요약으로 끝맺고(1, 39), 부록으로 나병환자의 치유(1, 40-45), 그 뒤에 또다른 요약(1, 45)이 따른다.

③ 논쟁에 관한 보고(2, 1—3, 5) : 잘 구분해서 모아 놓은 단원으로서 예수님의 공생활 가운데 또다른 중요한 면을

보여준다. 그분은 당대의 유대 교회에 대해 반대를 선언하
신다.
④ 결론 : 바리사이인들은 예수님을 죽이기로 결의한다 (3,
6).

나) 예수와 그를 따르는 사람들 (3, 7—6, 6)

① 머리말 : 치유와 구마에 대한 요약 (3, 7-12)과 열두 제자
의 선택 (3, 13-19). 두 그룹의 호의적 반응 : 먼저 갈릴래아
에서 온 많은 사람들 (3, 7)의 반응이 나오고 다음에 열두 제
자의 반응이 따른다.
② 비호의적인 반응에 관한 이야기로서, 먼저 예수님을 어리
석은 자로 여기는 그분의 가족들의 반응에 이어 그분을 마
귀들린 사람으로 여기는 율사들의 반응이 나온다. 예수께
서는 사탄의 왕국의 멸망을 선포하시고, 믿지 않는 이들을
위협하시며, 그분의 참된 가족에 대해서 말씀하신다 (3, 30-
35).
③ 비유들 (비유의 하루, 4, 1-34) : 예수님의 가르침들을 기
록함. 이 부분은 마르코식 구성으로서 교리교육 자료를
이야기 틀에 넣은 것이다 (3, 9; 4, 1 그리고 4, 36에 나오는
배에 관한 이야기를 참고하라).
④ 세 가지 위대한 기적 이야기 (4, 35—5, 43) : 풍랑을 가
라앉히신 이야기 (4, 35-41)와, 게라사의 미친 사람을 고치
신 이야기 (5, 1-20), 그리고 야이로의 딸을 되살리시고 하
혈하는 부인을 고치신 이야기 (5, 21-43)를 합친 것.
⑤ 결론 : 고향사람들이 예수를 배척하다 (6, 1-6).

다) 예수와 제자들 (6, 7—8, 26)

① 머리말 : 예수께서 열두 제자를 파견하신 이야기와 헤
로데가 예수의 소문을 듣고 근심하는 이야기에 이어 세례
요한의 죽음에 관한 이야기 (6, 7-30).
② 첫번째 빵의 기적 (6, 31-44)에 이어 두 가지 기적, 즉 물

위를 걸으신 이야기와 겐네사렛에서 병자를 고치신 이야기
(6,45-56). 조상들의 전통에 관한 바리사이인들의 논쟁과,
깨끗한 것과 더러운 것에 관한 가르침(7,1-23). 그 다음의
두 기적, 시로페니키아 부인의 딸을 고치신 이야기와 귀먹
은 반벙어리를 고치신 이야기는 다음 구절로 합칠 수도 있
다(7,24-37).
③ 두번째 빵의 기적(8,1-10)에 이어, 바리사이파들과의 논
쟁(8,11-13), 제자들에게 하신 교훈(8,14-21), 그리고 베
싸이다의 소경을 고치신 이야기(8,22-26).

분기점: 필립보의 가이사리아에서의 베드로의 메시아 고
백(8,27-30)은 첫 부분의 결론인 동시에 둘째 부분의 시작
이다. 그러기 때문에 예수의 존칭이 **메시아**에서부터 **인자**로
변하는 것이다. 이와 약간 달리, 8,27-30은 전반부의 결론
이고 8,31-33은 후반부의 서곡이라 할 수 있다.

2. 인자의 신비 (8, 31—16, 8)

가) 인자의 길 (8, 31—10, 52)

인자의 수난에 대한 세 번의 예고에 이어 제자들의 운명
에 대한 가르침이 따른다.
① 첫번째 수난 예고를 베드로는 받아들이지 않는다(8,31-
33). 이어 제자직에 대한 가르침(8,34—9,1). 보충 : 영광
스러운 변모와 엘리야 재림 논쟁(9,2-13), 간질병자 소년을
고친 이야기(9,14-29).
② 두번째 수난 예고(9,30-32)에 이어 누가 제일 높은지에
대한 논쟁(9,33-37), 연쇄어로 연결된 여러 가지 말씀(9,38-
50). 이혼, 어린이들, 부자들, 제자들이 받을 보상에 관한
가르침(10,1-31).
③ 세번째 수난 예고(10,32-34)에 이어 제베대오의 아들들

의 간청(10, 35-45). 보충 : 예리고의 소경을 고치신 이야
기(10, 46-52).

나) 예루살렘에 대한 심판(11, 1-13, 37)

① 행적과 말씀으로 심판하심 : 메시아로서 예루살렘에 들
어가심(11, 1-11), 성전에서 상인들을 쫓아내심(11, 15-19).
성전 정화 이야기 앞뒤에는 말라버린 무화과나무 이야기가
나온다(11, 12-14. 20-25). 예수님의 권한에 대한 논쟁에 이
어 악한 포도원 소작인들의 우화(11, 27-33; 12, 1-12).
② 세 가지 논쟁과 한 가지 가르침 : 주민세 논쟁, 부활
논쟁과 첫째 가는 계명에 관한 논쟁; 다윗의 후손이요 동
시에 다윗의 주인이신 그리스도에 관한 가르침. 결론 : "율
사들을 조심하라", 가난한 과부의 헌금에 관한 부록(12, 13-
44). 종말 설교(13, 1-37).

다) 수난과 부활(14, 1-16, 8)

① 머리말 : 베타니아에서 향유를 바르신 이야기와 그 앞
뒤에 기록된 음모와 배반(14, 1-11) 이야기는 예수 드라마
의 핵심에로 이끈다.
② 제자들과 함께 하신 일 : 최후만찬, 게쎄마니에서의 기
도(14, 12-42).
③ 공공연히 이루어진 일 : 예수께서 체포되시고(14, 43-52),
유대인들에게서 메시아로 단죄받으시고(14, 53-15, 1), 이
방인들에게는 왕으로서 단죄받으시다(15, 2-20). 십자가에
못박혀 돌아가시고(15, 21-41), 묻히셨다(15, 42-47).
④ 결어 : 빈 무덤, 즉 부활 선포(16, 1-8).

부록 : 부활하신 그리스도의 여러 가지 발현들(16, 9-20).

마태오복음서의 계획과 구조

머리말 (1, 1—2, 23)

= 예수님을 임마누엘, 이스라엘의 구원자로 소개한다 (1, 1-17)

= 요셉이 예수를 그의 어머니 마리아와 함께 자기 식구로 맞아들이다 (1, 18-25)

= 예수께 동방박사들이 경배하다 (유대인들에게는 배척당하심 : 2, 1-12)

= 에집트로 피신하시다 (2, 13-15)

= 베들레헴의 어린이들이 학살당하다 (2, 16-18)

= 예수께서 돌아오시어 나자렛에서 사시다 (2, 19-23)

1. 유대 백성들이 예수를 믿으려 하지 않다 (3, 1—13, 58)

= 예수께서 공생활을 준비하심 (3, 1—4, 11)

= 세 가지 연속적인 이야기

① 세례자 요한의 설교 (3, 1-12)

② 예수께서 세례를 받으시고 영광을 받으시다 (3, 13-17)

③ 예수께서 사탄을 이기시다 (4, 1-11)

가) 예수의 행적과 말씀은 위대하시다 (4, 12—9, 34)

= 세례자 요한이 감옥에 갇히게 되었을 때, 예수께서는 갈릴래아로 들어가시어 가파르나움에서 가르치시기 시작하며

(4, 12-17), 첫 제자들을 부르신다 (4, 18-22). 예수님의 성공
적인 활약상을 서술한 집약문 (4, 23-25)은 마태오가 창작한
것이다.

ㄱ) 위대한 말씀들 (산상설교) :
참된 행복을 선언하고 (5, 3-12), 제자들을 세상의 소금, 세
상의 빛으로 묘사한 다음에 (5, 13-16), 크게 보아 세 가지
윤리적인 지침을 지시한다 : ① 율법 완성 (5, 17-48) ② 하
느님 나라의 고차원적 요구들 (6, 1-34) ③ 경고와 권고 (7, 1
-27). 결론 (7, 28-29).
ㄴ) 위대한 행적들 (열 가지 기적 집성문) :
① 첫째 그룹 (8, 1-17)은 8, 17로 끝맺는데, 이 구절은 이사
야 54, 3에서 따온 것이다. 여기 기적사화들은 마르코 1장과
예수어록에서 따온 것이다.
② 두번째 그룹 (8, 18-9, 34)은 마태오가 마르코 2·4·5·10장
과 어록에서 따온 것이다.

나) 예수께서 제자들을 파견하시다 (9, 35-10, 42)

파견 설교 (10, 5-42)는 앞서 나온 부분들을 상기시킨다 (9,
3-5). 서론에 설교가 나오고 (9, 36-38), 이어 열두 제자에게
권위를 부여하는 이야기 (10, 1-4)가 따른다.

다) 예수를 위하느냐, 거스르느냐, 결단을 내려야
한다 (11, 1-13, 58)

11, 1은 파견 설교 (10장)를 끝맺는 구절이다.
세 가지 논쟁 (11, 2-20) : 11, 2-19; 11, 20-24; 11, 25-30.
다른 논쟁들 (12, 1-21).
12, 1-45에는 여러 가지 논쟁이 수록되어 있고, 그것들은
참 형제들에 관한 상황어 (12, 45-50)로 끝맺는다.
비유 설교 (13, 1-52)는 나자렛에서 예수께서 배척당하신
이야기인 13, 53-58로 끝난다.

2. 과도기적 부분 : 빵을 많게 하시다
(14, 1 — 16, 12)

세례자 요한의 죽음(14, 1-12).

예수께서 물러나시다. 첫번째 빵의 기적(14, 13-21); 물 위를 걸으신 이야기(14, 22 -23)와 기적들에 대한 요약(14, 34-36).

조상들의 전통을 반대하는 논쟁(15, 1-20).

예수께서 물러서시고, 이스라엘 땅 밖에서 가나안 부인을 위해 기적을 행하시다(15, 21-28).

기적들에 대한 요약(15, 29-30).

두번째 빵의 기적(15, 32-39).

예수께서 세번째 물러서시고, 바리사이파와 사두가이파 사람들의 누룩에 관해서 제자들에게 가르치시다(16, 1-12).

3. 교회론적 부분(16, 13 — 20, 16)

베드로의 고백; **수난에 대한 첫번째 예고**를 하시며 예루살렘에 관해 언급하시고 제자가 되는 조건을 밝히시다(16, 13-28).

영광스러운 변모에 이어 세례자 요한이 고난을 당했듯이 인자도 고난을 당할 것을 예고하다(17, 1-13).

마귀에 사로잡힌 아이를 고치시고, 믿음의 힘에 대하여 가르치시다(17, 14-21).

수난에 대한 두번째 예고(17, 22-23)에 이어 **공동체의 규범**을 정해 주시다(18, 1-35).

결혼, 이혼, 독신 생활에 대한 토론(19, 1-12).

예수께서 어린이들을 축복하시다(19, 13-15).

부자 청년의 고민(19, 16-30).

포도원 일꾼의 비유(20, 1-16).

4. 예루살렘으로 올라가시고 거기서 활약하시다
(20, 17－25, 46)

예루살렘으로 올라가시는 도중에 **세번째**로 당신의 수난을 예고하시고(20, 17-19), 이어서 제베대오의 아들들의 어머니가 자식들의 출세를 간청한 이야기가 나온다(20, 20-28).

두 소경의 치유. 소경 두 사람은 눈이 멀었음에도 불구하고 예수께서 **다윗의 아들**이심을 알아본다. 그런가 하면 기적적으로 시력을 되찾은 다음에 예수를 따라 나선다(20, 29-34).

다윗의 아들의 예루살렘 입성. 그분은 성전을 점유하시고, 열매 맺지 못하는 무화과나무를 저주하신다(21, 1-22).

같은 날, 성전에서 예수님께서 반대자들과 논쟁하시다(21, 23-39).

종말에 관한 설교: 심판(24, 1－25, 46).

5. 수난과 부활(26, 1－28, 20)

유대인들의 음모, 베타니아에서 향유를 바르심, 그리고 유다의 배반(26, 1-16).

최후의 만찬과 게쎄마니에서의 기도(26, 17-46).

체포되신 다음 유대인들과 빌라도 총독에게 재판을 받으시다(26, 47-27. 31).

십자가에서 돌아가시다(27, 32-56).

무덤에 묻히시다(27, 57-66).

예수의 무덤이 비게 되다. 갈릴래아에서 제자들에게 나타나시어 세계 만민에게 전파하라고 명하시다(28, 1-20).

루가복음서의 계획과 구조

머리말(1, 1-4)
전사(前史) : 예수 유년기(1, 5—2, 52)

1. 예수의 메시아적 활동(3, 1—9, 50)

가) 활동 준비(3, 1—4, 13)
① 세례자 요한의 활동(3, 1-20)
② 예수의 공생활 시작 : 세례, 족보, 유혹(3, 21—4, 13)

나) 갈릴래아 활동기(4, 14—9, 50)
① 나자렛, 가파르나움, 〈유다〉에서 설교하시다(4, 14-44).
② 첫 제자들을 발탁하고 적수들과 논쟁하시다(5, 1—6, 11).
③ 열두 제자를 뽑으시다. 평지 설교(6, 12-49).
④ 기적, 세례자 요한의 질문, 죄많은 여인(7, 1-50).
⑤ 하느님 말씀을 받아들이시다(8, 1-21).
⑥ 네 가지 기적(8, 22-56).
⑦ 제자들을 가르치시다(9, 1-17).
⑧ 예수께서 다가올 수난에 대해 말씀하시다(9, 18-50).

2. 예수의 예루살렘 상경에서 승천까지 (9, 51—24, 53)

가) 예루살렘 상경기(9, 51—19, 44)
① 여행을 시작하고(9, 51—10, 42), 여러 가지로 가르치시다

(11, 1−13, 21).

② 여행 도중 이스라엘을 경고하시고 (13, 22-35), 여러 가지
   로 가르치시다 (14, 1−17, 10).

③ 여행 도중 사마리아 출신 나병환자를 칭찬하시고 (17, 11-
   19), 여러 가지로 가르치시다 (17, 20−18, 34).

④ 예리고를 지나 (18, 35−19, 38) 예루살렘에 입성하시다
   (19, 29-44).

나) **성전에서 가르치시다 (19, 45−21, 38)**

다) **예루살렘에서 수난당하시고 죽으시고 부활하시
고 승천하시다 (22, 1−24, 53)**

상세한 설명

1. 예수의 메시아적 활동 (3, 1−9, 50)

가) 활동 준비 (3, 1−4, 13)

1. 세례자 요한의 활동 (3, 1-20)

　루가는 세례자 요한에 관한 전승들을 모아서 체계적인 이
야기를 엮었다. 루가는 요한이 부르심을 받는 때부터 체포
될 때까지의 이야기를 간략하게 전해 준다. 이 부분은 일종
의 순환적 구조를 보여준다.

　　㉠ 세례자의 역사적 소개 (3, 1-6)
　　㉡ 회개하라는 외침 (3, 7-14)
　　㉡ 메시아에 대한 선포 (3, 15-17)
　　㉠ 역사적 결론 (3, 18-20)

구원의 때가 다가오자 하느님께서는 세례자를 보내시어
그 때를 준비하신다(3,1-6). 그러나 세상을 대표하는 헤로
데는 하느님을 거역하여 세례자를 감옥에 가둔다. 여기 감
옥에 갇혀 생명을 잃고 마는 세례자는 장차 십자가에 처형
되실 예수님의 선구자이다.

2. 예수의 공생활 시작 (3,21 —4,13)

이 단원은 앞의 단원처럼 서론적 성격을 띠고 있다. 여
기서는 예수님의 말씀과 행적에 대해 이야기하기에 앞서 이
예수란 분이 과연 누구인지를 분명히 알리고자 한다. 예수
님의 세례(세례 자체는 자세히 묘사하지 않았음을 유의할
것) 다음에 이어지는 계시적 장면에서 예수님의 신분이 밝
혀진다. 그분은 성령을 듬뿍 받으신다. 그분은 성령의 힘
으로 사명을 완수하실 것이다. 그분은 하느님의 사랑하는
아들이시다.

루가는 예수님의 거룩한 아들로서의 신분을 선언한 후에,
그분의 인간적 족보를 소개한다(3,23-38). 마태오가 아브라
함까지만 거론한 것과는 달리, 루가는 아브라함을 지나 아
담에 이르기까지, 아니 하느님에까지 거슬러올라간다. 그
러니까 루가는 유대인들의 조상 아브라함을 넘어서 인류의
조상 아담에까지, 인류의 창조자 하느님에게까지 소급했던
것이다. 예수님은 유대인들이 학수고대한 다윗의 아들 메시
아일 뿐 아니라 아담의 아들이요, 인류의 구원자이시다. 루
가는 최종적으로 하느님에게까지 소급한 것은 예수님이야말
로 제2 아담으로서 인류의 새로운 시조일 뿐 아니라(1고린
15,45), 하느님의 아들이심을 뜻한다.

예수님의 유혹 이야기(4,1-13)는 예수님으로 하여금 십
자가에서 돌아가시게 한 그 충돌의 참 의미를 분명하게 밝
히고 있다. 다시 말하면, 이 이야기는 그 복음서에 기록된
드라마의 진짜 배우들이 누구인가를 드러내고 있다. 그러니

까 이 이야기에서는 진짜 적수는 바로 사탄임을 드러냄으로
써 예수님이 진정 누구이신가를 보여주려는 것이다. 즉, 예
수님은 활동하시는 하느님의 아들이심을, 하느님의 복음을
다시 살기 시작한 분이심을 드러내고자 한 것이다. 광야에
서 예수님에게 압도된 사탄은 한동안 물러갔다가 예수 수
난 때가 되면 다시 설칠 것이다(4, 13과 22, 3 비교).

나) 갈릴래아 활동기(4, 14−9, 50)

마르코에 의하면 예수님은 자주자주 이스라엘 밖에서 활
약하신다. 게라사 지방(마르 5, 1-20)에서, 띠로와 시돈(마
르 7, 24-31)에서, 데카폴리스(마르 7, 31)에서, 그리고 필립
보의 가이사리아 지방(마르 8, 27)에서 활약하셨다고 한다.
이 가운데서 루가는 게라사 활약상만 사용하고(루가 8, 26-
39) 나머지는 모두 삭제해 버렸다.

그러니까 루가에 의하면, 예수께서는 한 번 정도를 제외
하고서는 항상 갈릴래아에서 활약하신 셈이다. 이 현상은
하느님 나라에 관한 전갈이 구원의 역사에 대한 우선권에
따라서 먼저 이스라엘 백성에게 선포되었다는 뜻이다. 즉,
복음은 우선 이스라엘 백성에게 전해졌고 그 다음에 이방인
들에게 전해진 것이다. 이방인들에게는 부활 후에야 비로
소 복음이 선포되기 시작했다(24, 47).

이 사실을 염두에 두고 예수께서 나자렛에서 하신 설교
를 이해해야 한다(4, 16-30). 마르 6, 1-6에 의하면, 예수께
서는 오랫동안 객지에서 활약하신 다음에 비로소 나자렛 고
향에서 설교했다고 한다. 루가는 이 기사를 예수님의 활동
초기로 옮겨놓고 아울러 두 부분을 덧붙였다(17-21절과 25-
27절). 루가는 의도적으로 이렇게 바꾸었을 것이다. 사실
사도행전을 보면, 바울로가 지중해 어느 도시에서 전도할
때 우선 회당에서 전도를 하고 유대인들이 바울로의 복음을

배척하자 비로소 이방인들에게 전도했던 것이다. 루가는 바울로의 전도행각을 예수님의 전도행각에 소급 투사한 것 같다(사도 13, 14-19; 14, 1-2; 17, 1-4; 18, 4-8; 19, 8-9 등).

루가는 예수님의 초기 활약상을 소개할 때, 자기가 경험을 통해서 알고 있는 표본에 준해서 묘사했던 것이다. 예수께서는 먼저 이스라엘에게 자기를 소개하신다. 예수님의 말씀을 믿지 않는 이스라엘 백성들의 반응은 이미 미래의 이방인 선교(4, 25-27)를 내다보게 해 준다. 예수께서는 이미 나자렛에서 구원의 보편적 취지를 밝히셨다. 복음서에 나오는 드라마들의 주요 요소들은 모두 나자렛의 충돌 속에 어느 정도 뚜렷하게 드러나고 있다.

이 첫째 시기 동안에 (3, 1-9, 50), 루가는 예수님의 사명이 무엇인가를 분명히 보여준다. 예수께서는 하느님 나라의 기쁜 소식을 선포하시며 유대인들이 사는 도시와 마을들을 돌아다니신다(4, 41-44; 8, 1). 예수께서는 사탄을 이기시는 힘찬 행적으로 하느님나라에 대한 선포를 설명하시고 실현시키신다. 그분은 죄인들을 초대하시고 회개시키신다. 제자들을 모으시고, 그들로 하여금 그분의 사명에 참여하게 하신다. 또한 행적들을 통해서 그분 자신의 신비를 서서히 드러내 보이신다. 루가 9, 18-50은 첫 부분의 마지막 단원이다.

루가는 마르코복음서의 내용을 대부분 베껴쓰기는 했지만, 순서를 바꾸어 그 내용들을 전체 구조에 잘 맞게 끼워 넣었다. 베드로의 메시아 고백과 영광스러운 변모에서 예수님의 신분을 계시함으로써, 이야기는 한때 절정에 이르게 된다. 이렇게 볼 때 루가 9, 18-50은 루가복음서의 첫 부분의 결론으로 적합하다. 그러나 이 부분은 동시에 둘째 부분을 소개하고 있다. 즉, 하느님께서 원하신 메시아의 수난과 제자들이 예수 수난의 필요성을 이해하지 못하고 있음을 다루고 있다.

2. 예수의 예루살렘 상경에서 승천까지
(9, 51—24, 53)

예수께서 예루살렘으로 상경하시기로 작심하신 9, 15부터는 전망이 완전히 바뀐다. 그때까지 예수께서는 어떤 특정한 목적지가 없이 유대 온 땅을 두루 돌아다니셨다. 그러나 이제부터는, 뚜렷한 목적지가 있으시다. 예수께서는 일부러 예루살렘으로, 곧 수치와 고통과 죽음의 장소로 올라가시는 것이다. 이리하여 비극적 긴장이 감돌게 되고, 결국에는 예루살렘은 예수님을 배척하고(19, 29-44) 예언자이신 그분을 죽이게 된다(22, 1—23, 56).

그러나 루가는 예루살렘 상경을 비극적으로만 보지 않는다. 9, 51에서 "그분이 맞아들여질 날들이 다 차자 그분은 예루살렘에 가기로 얼굴을 굳히셨다"고 하는데, 여기 〈맞아들여지다〉라는 낱말은 예수께서 하늘로 맞아들여지는 승천을 뜻하는 것이다(24, 51). 그러니까 〈주님의 길〉의 종말은 죽음이 아니라 하느님의 영광에 참여하는 부활과 승천인 것이다. 예루살렘으로 올라가신 때부터 하늘로 승천하신 때까지의 일들을 다루는 9, 51—24, 53은 매우 뜻깊은 대단원이라 하겠다.

가) 예루살렘 상경기(9, 51—19, 44)

루가는 어느 누구의 영향을 받아 예루살렘 상경기를 꾸민 것이 아니라 스스로 창안하였다. 상경기를 보면 루가가 즐기는 신학적인 소재들이 들어 있다. 루가는 구원사를 길로 묘사하는 사람인데, 바로 상경기에서 예루살렘을 향해 가시는 예수님의 모습을 그리고 있다.

또한 루가는 예수 친히 이방인을 상대로 전도하신 적이 있다고 함으로써 교회의 이방인 전도를 정당화하였다.

나) 성전에서 가르치시다 (19, 45 — 21, 38)

다) 수난, 죽음, 부활, 승천 (22, 1 — 24, 53)

1. 수난사화 (22, 1 — 23, 56)

루가는 대체로 마르코 14 — 15장과 같은 소재들을 다룬다. 그렇지만 전연 마르코에서 비롯하지 않는 소재들을 다루는 때도 있다. 그러기에 신약학계 일각에서는 루가가 마르코복음서의 수난사화말고 또 다른 수난사화를 이용했다는 설을 내세우기도 한다.

어쨌든 루가는 마르코의 수난사를 개작했다 하겠는데, 루가가 왜 그렇게 했는지 그 신학적인 취지를 밝힐 필요가 있다.

일찌기 베다 리고 (B. Rigaux) 신부는 루가의 수난사화에 드러나는 사상을 다음과 같이 밝힌 바 있다.

① 루가에 의하면 예수께서는 어떤 사상이나 확신을 증거하기 위해서 **돌아가신** 것이 아니다. 오히려 예수께서는 하느님의 뜻에 따라 돌아가셨다고 한다. 달리 표현하여, 예수께서는 하느님의 경륜에 따라 고난을 당하셨다고 한다.

② 이와 관련하여 예수께서는 의식적으로, 자발적으로 죽음을 맞이하셨다고 한다. 예수께서는 예언자이신 까닭에 당신의 죽음을 예감·예고하셨다고 한다. 그런가 하면 죽음으로 몰고가는 사건들이 일어나는 도중에 죽음을 방지하려는 일체의 시도를 예수께서는 물리치신다.

③ 수난 드라마 자체는 **사탄의 마지막 공격**으로 (22, 3. 31. 53) 시작되었고, 예수께서는 이를 성공적으로 반격하신다 (4, 13; 22, 40. 46). 그런가 하면 루가는 예수님의 죽음을 하느님의 **새 백성을 탄생시키는 새 세상, 새 계약의 탄생**으로 이해하고 있다.

④ 로마 당국은 여러 차례에 걸쳐 예수님의 **무죄**를 확인 또
는 선언한다(루가 23,4.14.22; 그리고 사도 3,13을 참조).
그러니까 로마 당국은 객관적인 입장을 취한 셈인데, 이는
유대교 지도자들의 맹목적인 악의와는 퍽 대조적이다(사도
2,23; 3,13-17; 5,30; 7,52; 10,39; 13,27-28을 참조).

⑤ 끝으로 루가의 수난사화에는 독자들을 **훈계하는 성격**이
강하게 드러난다. 루가는 중립적인 이야기꾼으로서 냉철하
게 객관적인 사실을 이야기하지를 않는다. 루가의 수난사
화야말로 호소력이 있는 훈계인 것이다. 곧 먼저 예수께서
십자가를 지고 가신 것처럼, 신앙인도 그분의 발자취를 따
라 나서게 하는 것이다. 그리스도인도 고난을 당할 때에 예
수님처럼 기도하고 용서해야 한다 (22,32.51; 23,34.43).

2. 부활사화 (24,1-53)

예수님의 지상생활에 관한 마지막 장은 세 에피소드로 되
어 있다. 즉, 빈 무덤을 가 본 여인들 이야기 (24,1-12)와
엠마오로 가는 사람들에게 나타나신 이야기(24,13-35), 그
리고 열한 제자에게 나타나신 이야기 (24,36-49)로 되어 있
다. 이 24장, 그리고 나아가서는 복음서 전체가 예수 승천
이야기로 끝맺는다 (24,50-53).

24장에 기록된 모든 사건들은 예루살렘 시대 아니면 그
주변에서 일어난다. 예수께서는 당신의 사명을 갈릴래아에
서 시작하여 예루살렘에서 완수하셨다(루가 23,5). 이어서
교회는 예루살렘에서 시작하여 로마에 이르기까지 전도를
할 것이다. 그러니까 예루살렘은 예수 활약의 종착점이요
교회 전도의 시발점이라 하겠다. 이처럼 예루살렘은 예수
시대와 교회시대를 연결하는 장소이다.

그런가 하면, 24,13.36.44.50의 시제를 보면 빈 무덤 발
견서부터 예수 승천까지의 모든 사건이 단 하루 만에 같은

날에 일어났다고 루가는 본 것 같다. 그러나 역사적으로 볼 때 이 사건들은 도저히 하루 만에 일어날 수 없었다.

그러니까 루가의 기록은 다분히 의도적이라는 것이 다시 한번 명백해진 것이다. 사도 1,3을 보면, 예수께서는 부활하신 다음 40일이 지나서 승천하셨다고 한다. 그러므로 루가 24장에서 빈 무덤 발견, 두 가지 발현, 승천의 사건들이 하루 만에 일어났다고 한 것은 의도적일 수밖에 없다.

루가 24장의 사건들이 예루살렘이라는 한 장소에서 단 하루 만에 일어났다고 함으로써 부활 신비의 전체성을 강조하고자 했는데, 이제 그 신비의 세 가지 면모를 지적하면 다음과 같다 :

① 부활하신 그리스도는 생시의 예수님과 같은 분이시다.

② 부활하신 그리스도께서는 교회의 주님이시다.

③ 부활하신 그리스도는 생시의 제자들을 사도로 삼아 당신 부활의 증인이 되게 하신다.

이런 내용을 지닌 예수 부활이야말로 예수시대의 종결이요 교회시대의 시작이라 하겠다.

요한복음서의 계획과 구조

서언 (1, 1 - 51)

1. 머리말 (1, 1-18)
2. 증언 (1, 19-51)
   ㉠ 세례자 요한의 증언 (1, 19-34)
   ㉡ 제자들의 증언 (1, 35-51)

1. 표징 책 (2, 1 — 12, 50)

이 첫 주요 부분에는 요한복음서에서 말하는 모든 표징들이 사실상 다 들어 있기 때문에, 이 부분을 표징 책이라고 부른다.

1부 : 새로운 종교관의 설립자 (2, 1 — 4, 42)
   ㉠ 행적 : 가나에서의 표징 (2, 1-12)
   ㉡ 행적 : 성전 정화 (2, 13-22. 23-25)
   ㉢ 가르침 : 니고데모와의 대화 (3, 1-21. 22-36)
   ㉣ 가르침 : 사마리아 부인과의 대화 (4, 1-42)

2부 : 영생의 말씀 (4, 43 — 5, 47)
   ㉠ 행적 : 고관의 아들을 고치시다 (4, 46-54)
   ㉡ 행적 : 벳자타 못가에서 병자를 고치시다 (5, 1-18)
   ㉢ 가르침 : 영생의 말씀 (5, 19-30. 31-47)

3부 : 생명의 빵(6, 1-71)
　　㉠ 행적 : 빵을 늘리시다(6, 1-15)
　　㉡ 행적 : 물 위를 걸으시다(6, 16-21)
　　㉢ 가르침 : 생명의 빵(6, 22-58. 59-71)

4부 : 세상의 빛과 생명(7, 1—8, 59)
　　㉠ 행적 : 초막절 명절(7, 1-13)
　　㉡ 가르침 : 적의에 찬 유대인들과의 대화(7, 14—8, 59)

5부 : 빛에 의한 심판(9, 1—10, 42)
　　㉠ 행적 : 태생 소경의 치유(9, 1-41)
　　㉡ 가르침 : 착한 사마리아 사람 이야기(10, 1-21. 22-42)

6부 : 죽음을 이긴 생명(11, 1-57)
　　㉠ 행적과 가르침 : 라자로의 부활(11, 1-44)
　　㉡ 행적 : 예수께서 사형 선고를 받으시다(11, 45-53. 54-
57)

7부 : 죽음을 통한 영생, 십자가의 의미(12, 1-50)
　　㉠ 행적 : 베다니아에서 향유를 바르시다(12, 1-11)
　　㉡ 행적 : 영광스런 예루살렘 입성(12, 12-19)
　　㉢ 가르침 : 죽음을 통해 영광을 받으시다. 결어(12, 20-
36. 37-50)

2. 그리스도의 현현(13, 1—20, 31)

가) 고별 설교(13, 1—17, 26)
　　① 막을 여는 극적 장면 : 발을 씻기시다(13, 1-30)
　　② 그리스도의 떠나심과 재림에 관한 대화(13, 31—14, 31)
　　③ 그리스도와 그분의 교회에 관한 설교(15, 1—16, 33)
　　④ 예수의 마침 기도(17, 1-26)

나) 수난 사화(18, 1−19, 42)
① 체포와 산헤드린 심문(18, 1-27)
② 빌라도 앞의 예수(18, 28−19, 16)
③ 십자가 처형, 죽음과 안장(19, 17-42)

다) 부활 사화(20, 1- 31)
① 빈 무덤(20, 1-18)
② 제자들에게 나타나심과 결론(20, 19-31)

부록 : 호숫가에서 나타나시다(21, 1-25)

요한복음서를 대별하면 맨 머리에 로고스 찬가(1, 1-18)가 나온다. 그리고 요한 세례자가 예수님에 대해서 증언을 하고 곧 이어서 예수의 첫번째 제자들이 자기네 스승에 대해 증언한다(1, 19-51). 세째 부분은 표징 책(2, 1−12, 50)이고 마지막으로 그리스도의 현현을 기록한다(13, 1−20, 31). 여기에 곁들여 맨 마지막으로 부록이 붙어 있다(21, 1-25).

위에서 살펴본 바와같이 표징 책은 일곱 부분으로 되어 있다. 각 부분은 행적과 가르침으로 짜여 있는데 다루는 테마는 같다. 행적에 내포된 사상을 가르침에서 설명한다고 하겠다.

네번째 부분 그리스도의 현현 역시 행적과 가르침으로 짜여 있다. 다만 그리스도 현현의 경우(13−20장), 먼저 기나긴 가르침이 있고(13−17장), 이어서 긴 행적이 나온다(18−20장). 표징 책에서는 번번이 행적이 먼저 나오고 끝에 가서 가르침이 있는 데 반해, 그리스도 현현 부분에서는 그 순서가 바뀌어 먼저 긴 가르침이 나오고(13−17장), 끝에 가서 행적이 나온다(18−20장).

복음서의 맨 마지막 부분 21장은 앞서 한 사람이 1−20장을 기록하고 나서 또 다른 사람이 나름대로 보충한 것이다.

1—20장을 기록한 필자나 21장을 추가로 덧붙인 필자나 모두 〈요한 종파〉에 속한 사람들이다.

분 도 소 책